為推進中國特色社會主義司法制度作出新貢獻

二〇〇九年八月 王勝俊

中国少年司法

2022 年第 2 辑　（总第 52 辑）

杨万明 主编

最高人民法院少年法庭工作办公室　编

人民法院出版社

图书在版编目（CIP）数据

中国少年司法. 总第52辑 / 杨万明主编 ; 最高人民法院少年法庭工作办公室编. -- 北京 : 人民法院出版社, 2023.7
ISBN 978-7-5109-3722-4

Ⅰ. ①中… Ⅱ. ①杨… ②最… Ⅲ. ①青少年犯罪－司法制度－研究－中国 Ⅳ. ①D926.8

中国国家版本馆CIP数据核字(2023)第014151号

中国少年司法　2022 年第 2 辑（总第 52 辑）
杨万明　主编
最高人民法院少年法庭工作办公室　编

责任编辑　丁丽娜　**执行编辑**　杨晓燕
出版发行　人民法院出版社
地　　址　北京市东城区东交民巷 27 号（100745）
电　　话　（010）67550508（责任编辑）　67550558（发行部查询）
　　　　　　65223677（读者服务部）
客服 QQ　2092078039
网　　址　http://www.courtbook.com.cn
E - mail　courtpress@sohu.com
印　　刷　三河市国英印务有限公司
经　　销　新华书店

开　　本　787 毫米×1092 毫米　1/16
字　　数　202 千字
印　　张　14.5
版　　次　2023 年 7 月第 1 版　2023 年 7 月第 1 次印刷
书　　号　ISBN 978-7-5109-3722-4
定　　价　68.00 元

《中国少年司法》

编辑委员会

目　录

【领导讲话】

【理论研究】

【改革探索】

【规范性文件】

【地方工作】

【地方案例选登】

【领导讲话】

国务院关于儿童健康促进工作情况的报告

——2022 年 6 月 21 日在第十三届全国人民代表大会
常务委员会第三十五次会议上

国家卫生健康委员会主任　马晓伟

全国人民代表大会常务委员会：

按照全国人大常委会安排，受国务院委托，就儿童健康促进工作情况报告如下，请审议。

党中央、国务院高度重视儿童健康促进工作。习近平总书记指出，儿童健康事关家庭幸福和民族未来，在全国卫生与健康工作大会上强调要重视少年儿童健康，主持中央全面深化改革领导小组会议审议《关于加强儿童医疗卫生服务改革与发展的意见》，对做好儿童青少年近视和肥胖防控、心理健康服务、缓解儿童医疗服务资源短缺问题、幼儿园和中小学卫生与健康工作等多次作出重要指示批示。李克强总理多次作出重要批示，强调要推进儿童健康服务的优先供给，完善儿童医疗卫生服务网络，深入实施健康儿童计划。孙春兰副总理多次主持召开会议，研究重要政策措施，部署推进重点工作。各地各有关部门深入贯彻习近平总书记重要指示精神，认真落实党中央、国务院决策部署，不断完善政策，狠抓工作落实。

一、主要工作和成效

（一）完善儿童健康促进法规政策

全国人大以《宪法》为依据，不断完善儿童健康法律体系，制定公布基本医疗卫生与健康促进法，明确规定国家发展妇幼保健事业，建立健全妇幼健康服务体系。两次修订《人口与计划生育法》，不断强化提高出生人口素质，加强母婴保健和婴幼儿照护服务。修订《未成年人保护法》，坚持最有利于未成年人的原则，加强未成年人全方位保护。修订《药品管理法》，进一步明确鼓励儿童用药品的研制和创新，对儿童用药予以优先审评审批。在《民法典》《传染病防治法》《疫苗管理法》《食品安全法》《家庭教育促进法》《学前教育法》《反家庭暴力法》等法律制修订中，均强化儿童健康促进有关规定。

国务院及各有关部门认真贯彻落实党中央决策部署和相关法律要求，坚持依法行政，全力推进儿童健康促进工作。制定实施四个周期中国儿童发展纲要，针对儿童健康关键问题，明确主要目标和策略措施。在《“健康中国 2030”规划纲要》中，明确到 2030 年婴儿死亡率和 5 岁以下儿童死亡率控制在 5‰和 6‰，提出实施健康儿童计划。将儿童健康纳入《国务院关于实施健康中国行动的意见》等重要文件，建立健全工作推进机制。

（二）健全儿童健康促进保障机制

一是推动建立党委领导、政府主导、多部门分工合作、全社会共同参与的工作机制。强化国务院妇女儿童工作委员会作用，成立国务院未成年人保护工作领导小组，统筹推进儿童健康事业发展。二是建立持续的儿童健康投入保障机制。将预防接种、儿童健康管理、儿童中医药健康管理纳入国家基本公共卫生服务项目免费向 0—6 岁儿童提供。中央和地方各级财政持续加大投入，2012 年以来，国家基本公共卫生服务项目经费人均财政补助标准从25元提高到2020年的74元，中央和地方各级财政共投入5934.85亿元，根据安排，2021年人均财政补助标准再提高5元。在打赢脱贫攻坚战中统筹加大对贫困地区儿童健康投入，印发《国家贫困地区儿童发展规划（2014—2020年）》，强化贫困地区儿童健康促进。三是建立覆盖包括儿童在内的全民基本医疗保障制度。强化基本医疗保险、大病保险与医疗救助三重保障功能，促进各类医疗保障政策互补衔接，稳步提高包括儿童在内的广大城乡居民整体医疗保障水平。加快儿童药品纳入医保，儿童专用药和适用药占国家医保目录内药品种类的20.13%，经谈判新进入目录的34个独家儿童用药品平均降价55.6%。四是建立残疾儿童康复救助制度。连续制定实施两周期国家残疾预防行动计划，开展出生缺陷和发育障碍致残防控行动。印发《关于建立残疾儿童康复救助制度的意见》，为符合条件的0—6岁视力、听力、言语、肢体、智力等残疾儿童和孤独症儿童进行康复救助。2012年以来，累计救助0—6岁残疾儿童140余万人。五是健全儿童用药供应保障机制。印发《关于保障儿童用药的若干意见》，先后发布3批共105个鼓励研发申报儿童药品，通过“重大新药创制”科技重大专项投入5.74亿元，支持儿童药品研发和临床研究。加强儿童用药重点监测，鼓励儿童药品集中生产基地建设。六是持续加强儿童健康科研投入。国家科技计划部署儿童生长发育与疾病防治相关经费由“十二五”时期的7561万元，增长到“十四五”时期的1.26亿元。推进儿童健康领域科技创新平台建设，强化儿童健康领域临床医学研究中心和重点实验室建设。

（三）建设防治结合的儿童健康服务体系

认真落实《关于加强儿童医疗卫生服务改革与发展的意见》，不断加大改革力度。一是加强儿童医疗服务网络建设。设置2个国家儿童医学中心和5个国家儿童区域医疗中心，有序推进儿科方向国家医学中心和国家区域医疗中心项目建设，持续加强儿科相关国家临床重点专科建设，构建国家、区域、省、市、县级儿童医疗服务网络。2013—2021年，累计安排中央预算内投资 309 亿元支持全国 1960 个儿童医院和妇幼保健机构建设。截至 2021 年底，我国共有儿童医院 151 家，每千名儿童床位数达 2.2 张，较 2015 年增加 0.27 张。二是强化儿童保健服务网络建设。构建以省、市、县三级妇幼保健机构为核心、基层医疗卫生机构为基础的儿童保健服务网络。2019—2021 年，中央财政累计安排 27.91 亿元支持省级和县级妇幼保健机构能力建设。2021 年，全国共有妇幼保健机构 3032 家，全年总门诊量 3.31 亿人次，乡镇卫生院 3.5 万家，社区卫生服务中心（站）3.6 万家，当年提供儿童健康体检 8550 万人次。三是加快儿童健康人才队伍建设。引导和支持高校新增 27 个儿科学、1 个中医儿科学专业布点，加强“5+3”高校一体化儿科硕士专业学位研究生招收培养。加大儿科等紧缺专业住院医师规范化培训招收，大力开展转岗培训和继续医学教育，实施中西部儿童保健人员培训项目。印发《关于深化公立医院薪酬制度改革的指导意见》，推动薪酬待遇政策向儿科医务人员倾斜。我国儿科执业（助理）医师数从 2015 年的 11.8 万人，增加到 2021 年的 20.6 万人。四是推进儿童保健与临床服务有机融合。突出以儿童健康为中心，打破妇幼保健机构“防”和“治”的科室分设格局，优化服务流程，整合服务内容，强化中医药服务，改革组建孕产保健部、儿童保健部和妇女保健部，努力构建系统连续、防治结合的服务新模式。五是推动儿童健康服务体系上下联动。推动基层医疗卫生机构、妇幼保健机构与专科医院建立儿童疾病筛查、转诊工作机制，落实分级诊疗制度，强化医疗联合体建设，促进优质资源下沉基层。六是促进儿童健康信息互联互通。推进“互联网+妇幼健康”发展，实施“云上妇幼”项目，促进上下互联、横向互通、方便快捷、智慧服务。以推进出生医学证明在线申领和电子证照应用为抓手，积极推进“出生一件事”跨部门、跨地区办理，逐步实现“网上办”“掌上办”，极大方便了群众。

（四）推动形成促进儿童健康的协同支持体系

一是推动形成儿童友好的社会环境。优化城市公共空间规划，推动全社会关心关爱儿童健康成长。二是加大家庭养育支持力度。设立3岁以下婴幼儿照护个人所得税专项附加扣除，按照每个婴幼儿每月1000元的标准定额扣除。实施母乳喂养促进行动计划，推进婴幼儿营养喂养咨询指导，保护女职工权益，推进公共场所和用人单位母婴设施建设，全力支持母乳喂养。促进托育服务健康发展，严格托育机构标准设置和规范管理，开展普惠托育专项行动。三是持续加大环境保护和治理力度。以最严标准推进生态保护和环境治理，淘汰升级落后产能，推广使用清洁能源，儿童群体性铅中毒事件明显减少。四是加强食品安全监管。严格落实“四个最严”要求，建立完善食品安全标准体系，连续5年将婴幼儿配方食品、辅助食品作为高风险品种列入食品安全监管重点，加大抽检和执法力度。印发《学校食品安全与营养健康管理规定》，推进中小学、幼儿园建立集中用餐陪餐制度，对校园食堂等集中供餐单位开展风险排查，大力推进学校食堂“明厨亮灶”工作，截至2021年底，全国学校食堂“明厨亮灶”覆盖率达99.8%。五是加大儿童用品质量监督抽查和执法力度。连续3年开展儿童和学生用品安全守护行动，共检查儿童用品生产企业2.4万家、重点商超和批发市场25.4万家，监督抽查产品5.4万批次，立案查处违法案件0.5万起，严格实施童车、玩具、儿童安全座椅强制性产品认证。六是加大对儿童产品市场反不正当竞争执法力度。连续5年开展反不正当竞争执法专项行动，聚焦近视眼镜市场、校外培训、早教机构等重点领域，严厉打击虚假宣传等侵害儿童合法权益的不正当竞争行为。七是进一步减轻义务教育阶段学生作业负担和校外培训负担。坚持健康第一的教育理念，强化德智体美劳全面培养，指导学校提高作业管理、课后服务和课堂教学质量，严格校外培训管理，给孩子留出更多运动时间。据调查，73%的家长表示孩子完成书面作业时间比“双减”前明显减少。八是大力促进儿童体育运动。全面加强和改进新时代学校体育工作，深化体育教学改革，不断加大学校体育课比重。开展儿童青少年体育活动促进，针对儿童青少年近视、肥胖、脊柱侧弯等进行体育干预，在社区、公园、绿地等公共场所加强配备适合未成年人身体锻炼的体育设施。“十三五”期间，每年利用中央资金9亿多元，支持 1000 多个公共体育场馆向青少年等人群免费或低收费开放。

（五）强化儿童健康全过程全方位服务

一是强化生命早期 1000 天健康保障。加强全方位孕产期保健，实施母婴安全五项制度，加强危重孕产妇、危重新生儿救治中心建设，保障生育政策调整完善。2012 年以来，全国住院分娩率保持在 99%以上，县级危重新生儿救治中心覆盖率达 90.7%。二是扎实推进出生缺陷三级防治措施落实。实施免费孕前优生健康检查，产前筛查率提高至 81.1%，新生儿遗传代谢病和听力障碍筛查率保持在 90%以上。安排中央专项彩票公益金实施出生缺陷干预救助项目，救助困难家庭患儿。2021 年启动实施罕见病诊疗能力水平提升项目，进一步推进儿童罕见病救治。三是加强 7 岁以下儿童健康管理。在全国推广使用《母子健康手册》，规范生育全程基本医疗保健服务，普及科学育儿知识，促进儿童早期发展。2021 年，全国 7 岁以下儿童健康管理率为 94.6%。四是着力推进儿童营养改善。印发《国民营养计划（2017—2030 年）》，开展相关重大行动。2011 年以来，实施农村义务教育学生营养改善计划，中央财政累计安排补助资金 1968 亿元，每年惠及约 3800 万学生。2012 年以来，持续开展贫困地区儿童营养改善项目，中央和地方财政累计投入 52 亿元，受益儿童 1365 万。五是加强幼儿园和学校卫生保健。将健康教育纳入国民教育体系，大力推进青春期保健服务，加强监督指导，提高儿童青少年疾病防控意识和生殖健康水平。修订印发《中小学生健康体检管理办法》，规定中小学校每年组织 1 次在校学生健康体检，学生体检率持续提高。

（六）集中力量解决儿童健康重点问题

一是综合防控儿童青少年近视。全面加强儿童青少年近视防控，制定发布《综合防控儿童青少年近视实施方案》，持续开展近视监测，开展儿童青少年近视防控适宜技术和中医适宜技术试点，加强儿童在新冠疫情期间近视预防专业指导，强化学校卫生监督检查，积极推进近视防控产品违法违规商业宣传整治。各级政府逐级签订工作责任书，加强评议考核，以最严的措施、最大的力度加强近视防控，努力让孩子们拥有一个光明的未来。2020 年，0—6 岁儿童眼保健和视力检查覆盖率 91.8%；儿童青少年总体近视率 52.7%，比 2018 年下降 0.9 个百分点。二是加强儿童常见传染病防治。统筹做好国家免疫规划疫苗常规免疫工作，以乡镇为单位国家免疫规划疫苗接种率维持在 90%以上。持续实施艾滋病、乙肝母婴阻断，艾滋病母婴传播率下降到 2021 年的 3.3%，降至历史最低点。三是加大儿童重大疾病救治力度。加强综合医疗保障，开展集中定点救治，逐步扩大救治病种范围，将免疫性溶血性贫血、中枢神经系统肿瘤等 12 个病种纳入儿童血液病、恶性肿瘤救治管理病种范围。2013—2021 年，中央财政通过彩票公益金预算安排 16.6 亿元专项救助贫困白血病和先心病儿童。2021 年，全国儿童肿瘤患者省域内就诊率达到 85%以上。四是加强儿童青少年肥胖防控。印发《儿童青少年肥胖防控实施方案》，加大科学指导和科普宣教力度，加强监测和评价，持续开展重点地区营养干预项目，推广合理膳食和科学运动等理念，家校联动、社会联手，推动儿童“管住嘴、迈开腿”。五是促进儿童青少年心理健康。将儿童青少年心理健康纳入健康中国行动统筹推进，强化学校心理健康工作人员配备，推动精神卫生服务网络建设。以抑郁症、孤独症为重点，探索防治适宜技术和干预模式。全国 1379 家妇幼保健机构开展儿童心理保健服务，318 个地市设有精神专科医院，2756 个区县能够开展精神卫生专科服务，初步缓解了基层儿童心理服务短缺问题。

（七）加强新冠肺炎疫情期间儿童健康保障

坚持人民至上、生命至上，在疫情防控中对儿童予以重点救治保障。一是积极预防儿童新冠肺炎。普及疫情防控知识，规范儿童口罩生产和佩戴，指导学校和家长做好儿童防控措施落实。大力推广线上健康评估和指导等智慧服务。指导各级各类医疗机构做好发热患儿筛查和疫情防控工作。二是全力保障孕产妇安全分娩。指导各地向社会公布孕产妇产检和住院分娩定点医院，建立危重孕产妇、新生儿救治绿色通道。做好危重感染孕产妇救治工作，保障疫情期间孕产妇安全分娩，减少新生儿感染。三是稳妥推进儿童新冠病毒疫苗接种。周密组织安排，强化医疗保障，全力做好新冠病毒疫苗供应，切实做到儿童安全接种和应接尽接。全国 3—17 岁人群新冠病毒疫苗第一剂次接种覆盖率和全程接种覆盖率分别达到 98%和 95%以上。四是加强儿童救治。及时更新《新型冠状病毒肺炎诊疗方案》中儿童患者诊疗内容，强化中医药防治。按照“四集中”原则，加强儿童定点救治，针对儿童患病特点，指导各地加强儿童心理疏导和人文关爱，努力保障儿童生命安全和身心健康。

党的十八大以来，在以习近平同志为核心的党中央坚强领导下，我国儿童健康工作投入力度持续加大，政策体系不断完善，儿童健康水平整体明显提高，《中国儿童发展纲要（2011—2020 年）》的儿童健康相关目标均如期实现。2021 年全国婴儿死亡率、5 岁以下儿童死亡率分别为 5‰和 7. 1‰，较 2012 年下降 51. 5%和 46. 2%，总体优于中高收入国家平均水平。6 岁以下儿童生长迟缓率和低体重率等指标逐步改善，特别是农村儿童生长迟缓问题改善明显。儿童常见传染病得到有效控制，2021 年 0—18 岁儿童法定传染病报告发病率为 928. 16/10 万，较 2012 年下降 16. 2%。严重高发出生缺陷得到初步控制，与 2010 年相比，2020 年出生缺陷导致 5 岁以下儿童死亡率由 2. 8‰降至 1. 3‰，神经管缺陷、唐氏综合征等严重致残出生缺陷发生率降幅达 41%。2020 年，18 岁以下儿童伤害死亡率由 2010 年的 22. 41/10 万降至 11. 06/10 万，降幅 50. 6%。

二、存在的主要问题

（一）从儿童健康服务需求看

一是区域、城乡间儿童健康状况不平衡。2021 年，农村婴儿死亡率是城市的 1. 8 倍，西部地区是东部地区的 2. 2 倍；农村 5 岁以下儿童死亡率是城市的 2. 1 倍，西部地区是东部地区的 2. 2 倍。二是儿童健康主要影响因素逐步转变。我国已消除新生儿破伤风，5 岁以下儿童死亡率持续下降，但一些影响儿童正常生长发育的健康问题凸显。儿童青少年总体近视率仍处高位，超重问题不容忽视，脊柱侧弯、孤独症患病增多，溺水、道路交通事故等伤害是 5 岁以下儿童的主要死因。儿童肿瘤、心脏病等慢性非传染性疾病及罕见病等依然威胁儿童健康。三是新冠肺炎疫情发生以来，儿童居家和上网课增多，体育运动减少，在电子屏幕前暴露时间延长，导致较多儿童青少年出现近视加重情况。四是科学养育方面问题仍较突出。家庭科学育儿知识总体不足，“隔代养育”现象普遍，城市中长辈过度溺爱儿童娇生惯养，农村留守儿童缺乏父母关爱。同时，群众对儿童健康提出更高要求，希望儿童得到更高水平的医疗保健服务，食品玩具更安全、体育运动更丰富、社会保障更健全。

（二）从儿童健康服务供给看

一是儿童医疗卫生资源总量不足与分布不均衡问题并存，优质资源主要分布在东部和城市地区，中西部地区和农村地区优质资源较为薄弱。二是我国儿童保健服务网络特别是基层儿童保健服务网络有待加强。据调查，基层配备专职人员从事儿童保健服务的乡镇卫生院数量仅占总数的 52.2%，难以满足日益增长的儿童保健需求。三是儿童医疗服务人才短缺且工作负担重，吸引力不强。我国每千名儿童儿科执业（助理）医师数与发达国家相比仍有较大差距，儿童心理、康复等特殊领域人才紧缺。虽然儿科医师总体数量有所提高，但近年来在总体医师中的占比变化不大，人才队伍发展相对缓慢。四是群众获取科学育儿知识的渠道仍需完善，相关媒体、社会组织和学校等健康教育和社会宣传力度有待进一步加大。五是儿童健康促进支持政策有待加强。托育服务尚不能满足群众实际需求；学校校医配备有缺口，能力水平有待进一步提高；儿童食品用品安全执法需持续加强；“双减”政策下，儿童青少年参与体育运动需求增多，体育场地设施等仍然不足。

（三）从儿童健康保障机制看

一是儿童健康法治保障需要进一步加强，儿童用药、儿童心理健康、儿童伤害防控等方面还存在制度短板。二是儿童健康投入机制需要进一步完善，以更好适应儿童健康需求，推动解决预防投入不足等问题。三是儿童健康领域相关改革还需持续深化。相关医疗机构特别是综合医院、妇幼保健机构和基层医疗机构，因儿童所需的药品、耗材品种繁多，人员和运行成本高，业务收入少，发展儿科和儿童保健科动力不足，对于儿科医务人员的倾斜政策在部分地区和医疗机构尚未落实到位。四是儿童用药总体规模较小，临床试验难度大，研发成本高，企业研发生产动力不强，儿童用药适宜剂型、适宜规格依然有限，小品种药仍存在供应风险。五是儿童健康促进需要各有关部门密切配合，全社会共同参与，特别是涉及儿童伤害预防、食品安全、学校卫生、儿童心理健康、肥胖干预、健康教育宣传等问题，需要进一步加大力度协同推进。

三、下一步工作安排

坚持以习近平新时代中国特色社会主义思想为指导，深入贯彻习近平总书记关于儿童健康工作的重要指示精神，认真落实党中央、国务院决策部署，坚持以人民健康为中心，强化大卫生大健康理念，依法行政、强化保障、创新机制、强基固本，不断推进儿童健康事业高质量发展。

（一）强化儿童健康促进法治建设

一是进一步完善儿童健康法律法规体系。积极争取将儿童健康促进工作急需的立法修法项目列入下一届全国人大常委会五年立法规划。尽快启动修订学校卫生工作条例，研究完善儿童健康促进工作相关法规和配套规定。二是持续推动儿童健康促进相关法规政策落实。以法治保障儿童健康，进一步推动各级政府和各有关部门落实儿童健康促进主体责任。将儿童优先发展放在重要位置，在制定经济社会发展规划中优先考虑，在公共资源配置上优先满足，建立稳定的与经济社会发展相协调的儿童健康投入保障制度。

（二）深化儿童健康领域改革创新

一是加强儿童医疗保障。逐步提高儿童基本医疗保障水平，统筹发挥基本医保、大病保险、医疗救助三重制度综合保障梯次减负作用，共同减轻患儿医疗费用负担。落实落细参保缴费政策，确保儿童应保尽保。充分发挥商业保险风险保障的补充功能，鼓励商业保险机构开发针对儿童的商业健康保险产品。二是稳妥有序推进深化医疗服务价格改革试点，指导试点城市按照改革思路和机制设计完善本地实施方案，在机制设计上将支持儿科医疗服务发展作为相关指标统筹考虑。三是深化公立医院薪酬制度改革。切实落实保障儿科和儿童保健科医务人员薪酬待遇的倾斜政策，吸引更多优秀人才从事儿童健康事业。四是强化儿童用药保障。进一步加大对儿童药品研发生产等方面政策支持力度，完善儿童用药监测预警机制，持续推动儿童药品集中生产基地建设，扩大品种覆盖，深化供应链协作，努力推动实现一批儿童国产药品上市。动态调整国家医保药品目录，支持将符合条件的儿童药品纳入国家医保药品目录，定期开展国家医保药品目录准入谈判，支持将符合条件的罕见病用药等儿童药品纳入谈判范围。五是强化儿童健康科技创新支撑。大力支持儿童重大疾病预防、诊断、治疗、康复和健康管理等方面科技研发，加强科技创新体系建设，促进成果转化惠及儿童健康。

（三）健全儿童医疗卫生服务体系

一是推进儿童医疗卫生服务高质量发展。“十四五”期间，继续安排中央预算内投资支持儿科项目建设，支持开展10个左右儿科类国家区域医疗中心建设项目，推动儿科优质医疗资源扩容和均衡布局，推进优质资源下沉。进一步筑牢基层儿童保健服务网底，着力提高乡镇卫生院、社区卫生服务中心和村卫生室儿童保健服务能力。根据需要完善儿童医院建设相关标准，开展母婴友好医院和儿童友好医院建设。二是加快开展重点人群健康服务补短板工作。通过中央预算内投资，实施妇女儿童健康服务能力建设工程，支持每省份1个省级儿科项目建设，以及分娩量较大、人口较多的地市级妇幼保健机构项目建设。支持革命老区、民族地区、边疆地区和欠发达地区的儿童健康服务体系发展。三是加强儿童健康人才队伍建设。加强不同层次儿科医学人才培养，重点培养儿童保健、营养、心理、康复等紧缺专业人才。推进实施基层医疗卫生机构全科医生特设岗位计划，每所乡镇卫生院、社区卫生服务中心至少配备1名全科医生提供规范的儿童基本医疗服务，至少配备2名专业从事儿童保健的医生，努力补齐人才短板。

（四）加强儿童健康全程服务

一是把好生育关，围绕孕期、产前、分娩期、新生儿期等儿童的生命最早期，加强孕产期保健、母婴安全保障和出生缺陷防治等，着力提高孕产期服务质量。二是把好养育关，主要围绕儿童营养喂养、交流玩耍、生活照护、伤害预防等，加强对养育人的健康指导，促进儿童早期发展。三是把好发育关，主要围绕儿童体格生长发育和神经心理发育，加强儿童保健服务，开展系统化儿童健康综合管理和体质锻炼指导，健全儿童心理健康服务体系，强化儿童心理保健和干预，提高儿童环境和社会适应能力。四是把好教育关，强化幼儿园、托育机构卫生保健工作，加强学校心理教师和校医及幼儿园保健医配备，科学规划新冠疫情期间课程安排，强化学生健康教育，从小抓起，引导儿童树立正确健康观念，养成良好行为习惯。五是把好疾病防治关，围绕儿童传染病、常见病、多发病，以及近视、肥胖、脊柱侧弯、孤独症、心理健康等问题，进一步完善防控体系和工作机制，全面实施残疾儿童康复救助制度，做好儿童新冠肺炎防治，切实做到预防为主、防治结合。

（五）强化儿童健康促进工作协同

一是强化政策统筹。加强中国儿童发展纲要落实。结合推进公共服务补短板、强弱项、提质量，促进公共资源向儿童适度倾斜。二是落实家庭支持政策。大力推进家庭教育促进法实施，引导全社会注重家庭、家教、家风，将健康促进和科学育儿纳入家庭教育。加快普惠托育服务发展，到2025年实现每千人口拥有3岁以下婴幼儿托位数达4.5个。完善生育休假制度，健全假期成本合理分担机制，保障妇女就业和劳动权益，落实税收等支持政策，减轻家庭养育负担。三是落实完善儿童教育、体育相关政策。深入推进“双减”政策落实，规范校外培训，增加体育和劳动等课程。开展青少年科学健身指导普及活动，突出体教融合，支持学校全覆盖、高质量开展体育类课后服务，加强公共体育设施供给，推动体育、文化场馆向儿童青少年免费开放。四是完善社会关爱政策，开展儿童健康综合发展示范县（市、区、旗）创建，在城市规划中引入“1米高度看城市”的儿童视角，将儿童健康促进纳入城市更新行动，在交通管理、公园绿地布局等方面更多考虑儿童身心健康和发展需要。加强儿童食品、玩具、用品等生产、销售全程监管，持续加大执法力度。建立健全多部门参与的预防儿童伤害工作机制，完善儿童伤害监测报告系统。五是充分发挥妇联、共青团、计生协等群团组织作用，加强国际交流合作，共同做好儿童健康政策宣教实施。充分调动社会组织和企业积极性，汇聚各方力量保障儿童健康。

我们将更加紧密地团结在以习近平同志为核心的党中央周围，坚持以习近平新时代中国特色社会主义思想为指导，在全国人大及其常委会的监督支持下，进一步做好儿童健康促进工作，深入推进儿童健康事业改革发展，不断提升儿童健康水平，以实际行动迎接党的二十大胜利召开！

【理论研究】

强化责任担当　充分履职尽责
努力守护未成年人健康成长

段农根*

少年儿童是国家的未来、民族的希望。党和国家历来高度重视未成年人保护工作。党的十八大以来，习近平总书记和党中央高度关心关爱少年儿童健康成长，对未成年人保护工作多次作出重要指示批示和决策部署。最高人民法院坚持以习近平新时代中国特色社会主义思想为指导，深入贯彻落实习近平法治思想，始终把少年审判作为战略性、基础性工程抓紧抓好。最高人民法院党组书记、院长周强同志反复强调，要深刻把握新时代，勇于担当新使命，敢于探索新实践，建立健全新机制，推动新时代少年审判工作实现新发展，切实做好新时代未成年人权益保护和犯罪预防工作。

近年来，最高人民法院通过出台相关政策法律意见、成立少年法庭工作办公室等一系列措施，进一步加强了少年审判专业化建设。在最高人民法院的示范引领下，少年审判的各项改革举措全面铺开，少年法庭工作呈现蓬勃发展的良好局面。同时，也要清醒看到，与新时代发展要求和人民群众新期待相比，少年法庭工作还有很大改进和发展空间。各级人民法院要深刻分析新形势新要求，牢牢把握“四个坚持”，充分履行

* 作者单位：最高人民法院。

审判职责，为未成年人健康成长提供有力司法保障。

一是坚持正确政治方向。准确把握新时代新方位，站在保障党的事业薪火相传、实现中华民族伟大复兴的高度，深刻认识做好未成年人司法保护工作的重大意义。坚持以习近平新时代中国特色社会主义思想为指导，深刻领悟“两个确立”的决定性意义，深入贯彻习近平法治思想，把思想和行动统一到习近平总书记关于做好未成年人工作的重要指示批示精神上来，牢牢坚持党对司法工作的绝对领导，着力践行以人民为中心的发展思想，确保少年审判工作的正确政治方向。坚决落实最高人民法院党组要求，把少年审判作为战略性、基础性工程抓紧抓实抓好，切实担负起新时代赋予的历史使命，增强做好未成年人权益保护工作的责任感使命感。

二是坚持新时代少年司法理念。深入贯彻实施新修订的《未成年人保护法》《预防未成年人犯罪法》《家庭教育促进法》，坚持新时代少年司法理念，全面落实最有利于未成年人原则，确保未成年人依法得到特殊、优先、全面、综合保护。依法严惩侵害未成年人的各类违法犯罪，对严重侵害未成年人犯罪，该判处重刑乃至死刑的坚决依法判处，切实体现对未成年人的特殊、优先保护。依法矫治、挽救未成年犯罪人，在案件审理中贯彻“教育、感化、挽救”方针和“教育为主、惩罚为辅”原则；同时，注意区分情况，做到宽容但不纵容。积极开展审判延伸工作，对遭受性侵害或者暴力伤害等犯罪侵害的未成年被害人及其家庭，视情开展心理干预、法律援助、司法救助、协调转学安置等措施，体现关怀保护；对犯罪的未成年人及其家庭，积极开展判后回访、跟踪帮教、家庭教育等工作，预防再次犯罪。将涉及未成年人权益保护的刑事、民事、行政案件统一纳入少年法庭受案范围，强化对未成年人权益的全方位保护。

三是坚持专业化审判发展方向。少年审判专业化是多年司法实践的宝贵经验。各级人民法院要按照专业化、制度化、规范化的目标要求，立足现有条件，对照《最高人民法院关于加强新时代未成年人审判工作的意见》，逐条逐项持续抓好专业化建设要求的贯彻落实。充分发挥未成年人审判领导工作机制的作用，上级法院要加强对辖区内下级法院未成年人审判工作的监督、指导和协调，推动少年法庭实质化运作，实现上下统一归口管理。落实好少年法官的选任和培训工作，努力实现涉未成年人案件由少年法官办理、少年法官专办涉未成年人案件。鼓励具备条件的法院，成立专门审理少年案件的审判庭。将延伸帮教、法治宣传、参与综合治理等工作纳入绩效考核范围，科学评价少年法庭、少年审判人员的业绩，调动、激励少年审判人员的工作积极性。

四是坚持积极参与综合治理。保护未成年人、预防未成年人犯罪是一项系统工程，各级人民法院要积极参与综合治理，大力推动未成年人综合保护体系建设。依托各级政府未成年人保护工作领导小组，探索"政法一条龙""社会一条龙"工作机制的新做法。深入贯彻《家庭教育促进法》《中小学法治副校长聘任与管理办法》等法律法规，引导好家庭教育，保障好法治校园建设。积极配合有关部门开展网络空间治理，通过案件审判，督促、引导互联网企业履行网络安全管理的法律义务和社会责任，为未成年人营造清朗网络空间。要丰富法治宣传教育形式，充实法治宣传教育内容，提升法治宣传教育效果，促进全社会共同参与未成年人保护工作。加强调查研究，结合审判实践中发现的问题，提出有针对性、建设性的司法建议，健全和完善未成年人保护综合体系。

习近平总书记指出，孩子们成长得更好，是我们最大的心愿。各级人民法院要强化使命担当，切实发挥审判职能作用，与全社会一起共同努力，为未成年人健康成长营造安定和谐的社会环境，以优异成绩迎接党的二十大胜利召开。

（来源：《人民司法》2022 年第 16 期）

加强新时代未成年人审判工作的调研报告

黄凌群*

做好未成年人审判工作是党和国家赋予人民法院的神圣职责。湖北法院坚持以习近平法治思想为指导，认真贯彻落实党中央决策部署和最高人民法院、省委工作要求，以“未成年人合法权益保护一个也不能少”的决心，认真审理涉及未成年人的各类案件，继续推动未成年人审判工作改革，充分发挥司法审判的综合治理效能，推动形成可复制可推广的湖北经验，切实为未成年人健康成长撑起法治保护的蓝天。

一、全省法院少年审判工作基本情况

（一）少年法庭机构、队伍建设情况

2021 年 4 月 16 日，湖北省法院正式挂牌成立少年法庭工作办公室，承担全省未成年人审判工作的统筹协调、调查研究和业务指导等职责。经统计，截至 2021 年 9 月，全省共有 10 家中基层法院设有独立建制未成年人案件审判庭，77 家中基层法院在庭室加挂少年审判法庭牌子，18 家基层法院通过人民法庭改造或加挂少年法庭牌子的方式成立“少年法庭”。全省 106 家法院挂牌成立“少年法庭（少年法庭工作办公室）”，初步形成了“以少年法庭办公室为牵头协调机构、以少年法庭为办案机

* 作者单位：湖北省高级人民法院。

构”的专门化审判工作格局。

（二）近五年案件审判情况

2016 年至 2020 年，全省法院共审结涉未成年人刑事、家事、行政案件 34380 件。综合近年来审理案件的情况，未成年人犯罪主要呈现以下几个特点：一是从犯罪数量上看，近五年未成年人犯罪人数占刑事罪犯总人数的比例分别为 1.40%、1.21%、1.10%、1.28%、1.06%，总体占比较低，呈逐年下降态势；二是从犯罪类型上看，以暴力、侵财型犯罪为主，其中抢劫、盗窃、故意伤害、寻衅滋事、聚众斗殴犯罪多发，在未成年被害人案件中，性侵案件占主要类型，且以留守儿童居多；三是从犯罪形态上看，以共同犯罪、结伙作案为主，犯罪手段成人化；四是从犯罪年龄上看，低龄化趋势明显，受教育程度普遍偏低。

二、面临的困难和问题

（一）对少年审判工作的重要性认识不到位

目前，轻视未成年人审判工作的思想认识仍然存在，依旧存在“少年法庭审判的大多数是未成年人案件，和当前影响社会稳定、关系国计民生的大案、要案相比，对社会的影响较弱”的认识。少年审判的重要性，以及少年法庭开展的大量案外延伸工作及特色工作制度经验，没有得到应有的重视，影响了少年审判进一步深化改革。少年法庭的主要工作主要是围绕未成年人这一特殊群体开展，以保护未成年人合法权益、促进未成年人身心健康发展为根本。多数基层法院受内设机构改革的冲击，原有的少年庭编制被撤并，归入其他庭室，职能进一步弱化。当前进入司法系统的案件量大幅上升，多数审理涉未成年人案件的法官，还有大量的工作是审理其他刑事、民事等类型的案件。

（二）未成年人审判绩效考核机制有待完善

未成年人的司法保护需要人民法院联合社会各部门，加强相互协作配合，积极整合社会力量，实现优势互补、联动治理的效果。这就对人民法院在未成年人综合审判职能延伸方面提出了更高的要求，需要倾注大量精力于预防犯罪、帮扶教育等审判延伸工作，故在建立独立编制的少年审判法庭基础上，针对未成年人审判工作以及审理涉未成年人案件的法官有待建立区别于其他审判工作的单独评价指标和考核体系。

（三）联动配套机制建设不到位

根据未成年人犯罪按照“教育为主、惩罚为辅”的原则以及“教育、感化、挽救”的方针，未成年人审判工作除了传统的查明事实、审查证据和适用法律等程序，还要坚持维护未成年人合法权益，促进其尽快回归社会。这种特殊性决定了未成年人审判需要进行大量的案外延伸工作，如庭审前的社会调查、社会观护、法律咨询，庭审过程中的社会调查员或适合成年人出庭、法庭教育，庭审后的心理疏导、回访、救助帮扶等。这些大量的案外延伸工作由于难以被科学量化而未被完全纳入少年审判法官的考核体系，造成了未成年人审判工作无法得到客观公正的评价，影响了部分少年审判法官工作的积极性。同时，未成年人审判工作离不开公安、检察院、司法行政等部门的配合协作，也离不开社会力量的支持。目前，配套协作机制还不完善，社会支持力量薄弱，部门之间形成合力还有待加强。政法机关、妇联、团委、教育等相关单位和部门相互之间没有完全实现信息共享、资源共享。

（四）司法预防功能发挥不充分

随着机构弱化和人员流失，专项从事未成年人犯罪预防的精力就有限了，多年来，全省法院也采取了普法进校园、家长课堂、模拟法庭和法院开放日等一系列方式方法宣传法律，提高未成年人的法治意识，但由于频次较低、模式单一等原因，普法效果不甚理想，司法的特殊预防与一般预防的功能均未能充分发挥。

（五）涉少案件底数难以摸清

2016 年最高人民法院出台的《关于人民法院案件案号的若干规定》取消了涉少案件案号中未成年人特征标示，法院审理案件司法统计上再没有“少”字号案件，涉少案件没有单独统计，又没有归口管理，导致案件数量不清。底数不清的情况下，对涉少案件的重视程度相应地有所下降，对相关数据的利用也不到位。

三、推动少年法庭工作发展的意见和建议

（一）不断完善少年审判工作机制

一是细化分案、统计、考核工作机制。《最高人民法院关于人民法院案件案号的若干规定》，虽对少年法庭的受案范围已重新作出统一、明确的规定，但各基层法院基于各自的情况不同，对受案范围的执行力度有限，少数法院难以实现。家事审判有强烈的成人色彩，未成年人审判传统上形成了刑事审判为主的格局，与家事审判在司法理念与法律适用层面存在差异，为保持未成年人审判的独立性，应严格按照《最高人民法院关于人民法院案件案号的若干规定》，规定少年法庭受案范围，若不加区别将所有家事案件都归入少年法庭，势必会重回受案范围的混乱不清，家事审判与未成年人审判侧重点不清，导致未成年人审判重回被兼并或弱化的可能，背离发展加强少年司法的本意。应加强对未成年人审判工作的专门统计，做好台账和数据分析汇总工作。针对当前绩效考核中，对未成年人案件的重视程度不够的问题，建议由最高人民法院制定可供各高级人民法院参照的特殊绩效考核办法，科学设立未成年人审判工作考评机制，激发少年审判法官的工作积极性，使未成年人审判工作不断创新推进。二是精心组建未成年人审判队伍。最高人民法院明确规定未成年人审判是涉未成年人民事、刑事、行政三审合一的审判，从案件类型看，涉未成年人民事案件将占据相当大的比例，且既涉及人身、财产

关系，也涉及物权、侵权关系。未成年人民事审判起步晚于未成年人刑事审判，且少年法庭发展初期及未成年人审判法官均源于刑事审判，对民事审判业务熟悉不够、经验不足，同时很多法官不愿从事未成年人审判，而未成年人审判却又需要有爱心、有能力的综合型少年审判人员参与其中，建议精心挑选组有爱心、愿奉献且有民事审判经验的法官加入未成年人审判，通过传帮带加强涉少刑民融合，并提供资金组织保障，做大做强未成年人审判工作队伍。三是探索完善未成年人审判特色机制。紧密结合未成年人审判工作实际，完善庭前调查、圆桌审判、庭审教育、心理疏导、判后回访、跟踪帮教、法治宣传、多元共治等工作机制，最大限度地体现预防和保护理念，构建未成年人司法保护新机制的同时，不断拓展多元化纠纷解决渠道，建立庭前调查、诉中调解、心理疏导同步走的审判模式，发挥审判工作诊断、修复作用，创新司法服务社会和家庭的方式方法，努力实现“案结、事了、家和”。

（二）全方位保障未成年人的健康成长

一是注重“惩罚、教育、感化”三位一体。审理未成年人案件始终遵循“教育、感化、挽救”方针和“教育为主、惩罚为辅”的原则。将“柔性司法”理念贯穿于未成年人审判工作各个环节，配备圆形审判桌椅，打造柔性诉讼环境。在未成年人刑事诉讼中，主动了解被告人及其家庭状况，找到被告人走上犯罪道路的失足点，确定法庭教育的重点，寻找法庭教育的感化点，并作为审理案件的重要参考。在与当事人沟通过程中，营造“谈心式”的沟通劝导氛围，拉近与当事人之间的距离，缓解未成年人对刑事处罚的恐惧和对家事纠纷的焦虑。在审判过程中，根据不同的案件、不同的未成年人情况，分别邀请共青团、学校教师、妇联干部、社区代表，参与法庭感化教育；邀请人民陪审员或者未成年人信赖的亲属参与做思想工作，形成教育合力，提升“寓教于审”效果。二是延伸审判扇面帮教善始善终。对涉少案件，坚持以法院为中心点，向外扩展帮教辐射面，把帮教落到始终，把定期和不定期的回访和衔接社会帮教制度做实做细。在调解和裁判后，对当事人进行回访帮教，及时了解当事人的生活状况和情感恢复情况，通过定期探视、耐心劝导等工作，给予当事人更多精神支持，实现情感修复最大化。对宣告缓刑、判处管制或单处罚金的未成年犯实行社区矫正和法院观察帮教双轨制，并与社区、群团组织等建立合作机制，借助其优势资源开展定期回访帮教。对子女抚养探视情况、未成年人犯改造等情况进行登记，使判后帮教的措施更有针对性，司法效果更具有效性。三是完善未成年人心理疏导机制。根据不同案件，把心理疏导渗入法庭教育中。对于未成年被告人，提高其鉴别能力，排除心理障碍，增加他们的自信心。对于家事案件当事人及其未成年子女，引导当事人申请心理疏导，对其家庭关系、未成年人子女情况进行评估。根据评估报告，邀请心理咨询师适当介入，对当事人家庭关系进行重构，最大限度地营造良好的未成年人成长环境。

（三）加强部门联动，发挥“两条龙”的作用

一是大力开展法治宣传活动。秉承“谁执法，谁普法”责任制，积极开展法治宣传进社区、进校园、进农村活动，通过设立咨询台、摆放宣传板报、发放宣传资料、模拟法庭等多种形式，向广大群众和青少年宣传法律知识。组建巾帼志愿者团队，积极参加辖区内妇联举办的亲子课堂等活动，与妇联一起关爱儿童心理健康，维护妇女儿童权益。将实践活动与宣传报道相结合，利用“两微”、报纸等方式开展多角度法治宣传，扩大受众面，延伸活动效果。二是加强与公安、检察院、司法行政等部门的协作配合。健全完善“政法一条龙，社会一条龙”工作机制，严厉打击侵害未成年人犯罪，有效预防、矫治未成年人违法犯罪。加强与有关职能部门、社会组织和团体的协调配合，加强未成年人审判社会支持体系建设，推动未成年被害人救助、未成年犯安置帮教、未成年人民事权益保护等措施有效落实。在案件审理中主动对未成年人所处的学校环境、家庭环境开展调查研究，对发现的苗头性、倾向性问题，及时向学校、相关行政主管部门提出合理化建议，与社会各界形成合力，不

断净化未成年人的成长环境。三是参与校园安全建设。主动联系教育局、团委、关工委、学校等部门与组织，积极构建优势互补、深度互动的青少年安全教育机制。在辖区城区及乡镇一批中小学校设置“青少年维权护航岗”，形成“法校共建平安校园”的联动模式，共同致力加强未成年人保护工作，有效预防青少年违法犯罪。四是加大对特殊群体关爱力度。通过审判实践发现，大部分走上犯罪道路的未成年人与家庭教育缺失有直接关系，特别是留守儿童、单亲家庭等，针对农村留守儿童长期与父母分开容易出现的问题，联合基层法院在学校挂牌成立“法治课堂”，举办“关爱留守儿童”“预防校园欺凌”“预防性侵”等专题的普法宣传，加大走访力度，避免因家庭教育“真空”而使未成年人受到不法侵害，受到师生广泛好评。

未成年人网络犯罪原因分析及对策研究

——基于江苏省近五年犯罪数据分析

王　蔚　谢　逍*

21世纪以来，网络的发展速度超乎了人们想象，深刻地改变了人们的学习生活。根据共青团中央维护青少年权益部、中国互联网络信息中心在京联合发布《2020年全国未成年人互联网使用情况研究报告》显示，2020年中国未成年网民规模达到1.83亿；互联网普及率为94.9%，较2019年（93.1%）提升1.8个百分点。未成年网民互联网使用时长不断增加，2020年未成年网民在工作日平均每天上网时长在2小时以上的为11.5%，节假日平均上网时长在5小时以上的为12.2%。① 中国网民日趋低龄化，意味着越来越多的未成年人开始利用网络学习、社交、娱乐，网络逐渐成为未成年人的重要生活圈，但网络空间泥沙俱下，各类信息良莠不齐，对于心理、生理尚未成熟的未成年人群体也造成了许多不利影响，甚至诱发了系列犯罪。未成年人网络犯罪也成为近年来未成年人犯罪的增长点之一，因此，分析未成年人网络犯罪的发展状况，探寻未成年人网络犯罪成因，预防此类犯罪发生，对保护未成年人的健康成长有重要意义。

---

* 作者单位：江苏省高级人民法院。

① 《中国网民数字画像：未成年网民规模达到1.83亿》，载新华网，http://www.news.cn/video/sjxw/2021-08/23/c_1211341582.htm，2022年5月20日访问。

一、未成年人网络犯罪的特点

（一）犯罪数量持续增加

江苏省近五年的数据显示，未成年人网络犯罪的数量持续增加（见图1），其中2021年一审审结的未成年人网络犯罪数量是2017年的6倍。未成年被告人数同样持续保持较高速度增长，自2017年以来增长了4倍以上。最高人民检察院公布的数据显示，2021年1至9月，检察机关起诉未成年人利用电信网络实施犯罪2467人，同比增长32.6%。[①] 以上数据可以反映出未成年人网络犯罪的情况愈发严重，亟待采取相应措施予以应对。

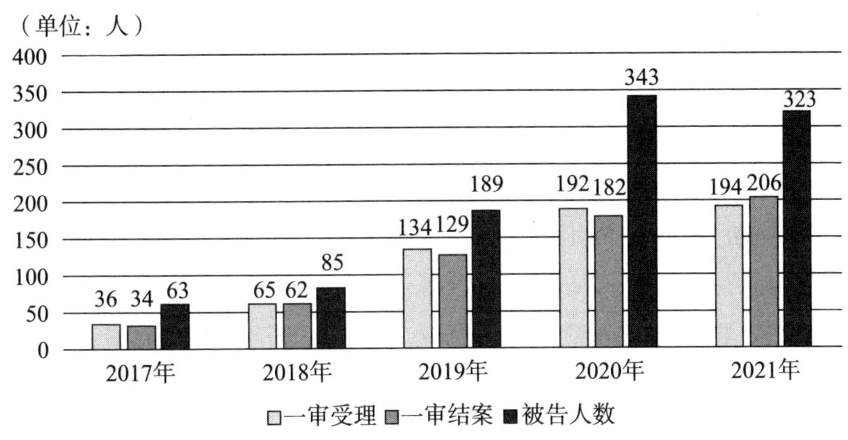

图1　犯罪数量及被告人数

（二）被告人基本特征

从被告人性别来看，未成年网络犯罪与一般犯罪一样，均以男性被告人居多，2021年的数据显示，男性被告人的数量达到女性被告人数量

① 《依法惩治涉未成年人电信网络犯罪 共建清朗网络空间》，载最高人民检察院网站，https://www.spp.gov.cn/spp/xwfbh/wsfbh/202110/t20211018_532417.shtml，2022年5月20日访问。

的 6.7 倍（见图 2）。从年龄分布来看，以 16 到 18 岁之间和 18 岁到 22 岁的在校学生为两个阶段，可见其中 16 到 18 岁的被告人数量要多于 18 到 22 岁的在校生（见图 3），未成年人网络犯罪的低龄化趋势较为明显；结合《中国儿童发展纲要（2011—2020）》中的数据，2018 年的 110 件刑事案件涉及的 128 名未成年人中，小学未毕业的有 25 人，初中未毕业的有 80 人，高中未毕业的有 23 人，也可以看出教育对青少年行为的规范有重要意义。

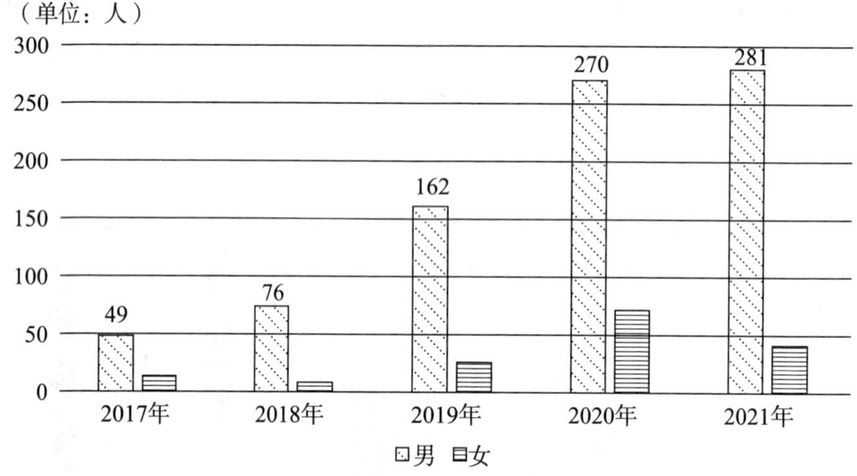

图 2　被告人性别情况

（三）罪名分布情况

未成年人网络犯罪涉及的罪名较多，包括非法控制计算机信息系统罪、破坏计算机信息系统罪、侵犯公民个人信息罪、盗窃罪、诈骗罪、敲诈勒索罪等，罪名分布较散，涉及人身生命健康权、财产权、信息系统管理秩序等。其中以诈骗罪为主要犯罪类型，占比超过 50%，帮助信息网络犯罪活动罪在近年来占比也有所提升。最高人民法院公布的数据显示，2016—2018 年全国法院一审审结的网络犯罪案件中 31.83%的案件

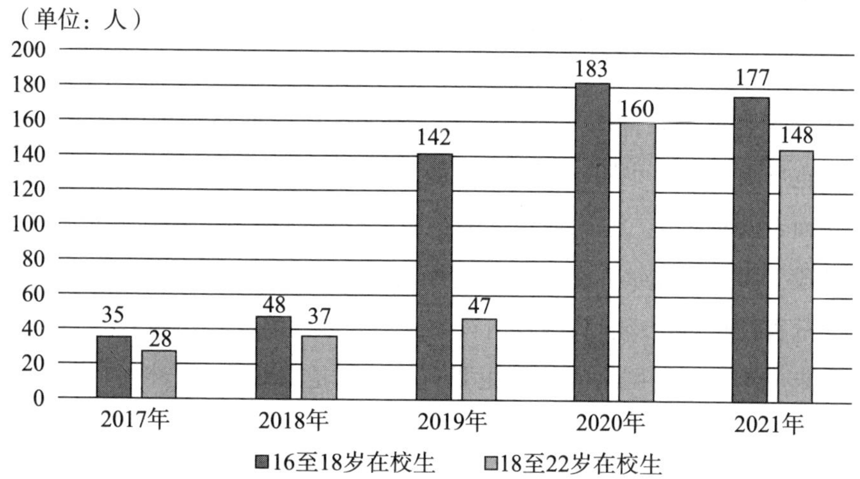

图 3　被告人年龄分布

涉及诈骗，主要犯罪工具包括微信、QQ、支付宝等。① 而由于帮助信息网络犯罪活动罪也多是谋利行为，可见大多数未成年人利用网络的犯罪活动是从事违法获利活动。

（四）刑罚情况

考虑到对未成年人“教育为主，惩罚为辅”的基本方针，对被告人多判处三年以下有期徒刑和缓刑（见表 1），近五年的总体数据在 80%至 90%之间。可见，各地对未成年人网络犯罪依然以轻判为主，也能反映未成年人利用网络实施犯罪造成的危害性通常并不大。

表 1　刑罚情况

年份	2017	2018	2019	2020	2021
三年以及缓刑人数	51	77	167	298	284
占比	81%	91%	88%	87%	88%

① 王贞会：《未成年人网络社交中的犯罪被害：风险类型与防范之策》，载《中国青年社会科学》2020 年第 6 期。

综上，通过对未成年人网络犯罪的基本情况进行分析，可以看出以下几点问题：一是当前未成年人利用网络实施犯罪的数量在增加，这和整体上网络犯罪数量增加的情况是一致的，属于网络发展的必然趋势，同时也反映出网络犯罪不断向未成年人渗透，越来越多的未成年人因为网络而走向犯罪。二是未成年人网络犯罪以男性居多，集中在 16—18 岁年龄段，多数未成年人受教育程度不高。三是未成年人网络犯罪带来的社会危害性相对较小，我国目前对未成年人涉网络犯罪以从轻处罚为主。四是未成年人利用网络实施的犯罪多样，但是以获取财产性利益犯罪行为为主。

二、未成年人网络犯罪原因分析

对犯罪原因的分析是提出犯罪预防措施、解决犯罪问题的基础。当下对未成年人犯罪的原因分析大多离不开未成年人生理、心理因素和社会环境的不良导向等，这些原因分析固然不错，但是具体到未成年人网络犯罪，更应当考虑到网络本身的关联性因素。有学者对国内某市的未成年人犯罪案例分析后发现，接近 50%的案件存在未成年人受到网络不良内容影响和教唆而犯罪的现象。[①] 本文将进一步分析未成年人更容易受到不良信息影响的原因。

（一）心理不成熟和网络迷惑性

未成年人正处于身心发育的阶段，其心里充满了复杂性和矛盾性，一面是对未来成长的渴望，另一面是对现在能力不足的厌恶，一面是对真理的不懈追求，另一面是对权威的反抗抵触。正如阿德勒在其心理学中所讲的“一个儿童，从婴儿早期开始，就在不停地努力成长，这种成长，又与一种无意识地形成的、却永远都存在的目标，即对于伟大、完

① 刘艳红、李川：《江苏省预防未成年人犯罪地方立法的实证分析———以 A 市未成年人犯罪成因和预防现状为调研对象》，载《法学论坛》2015 年第 2 期。

美与优越的展望保持着一致”。[①] 但同时，他强调，每一个个体在成长过程中都会逐渐意识到自己的能力不足和缺陷，为了弥补这种不足和缺陷，个体不断通过解决困难，提升能力来实现补偿，这就是“自卑理论”。普遍存在的自卑感，会普遍地引起补偿结果。原因在于，人类在面对自身缺陷带来的自卑感时，是不可能无动于衷的。人类会天然地设定并追求超越自卑的优越目标来应对这种缺陷感，最终通过补偿机制来实现对自卑的补偿。简单来说，就是未成年人在成长的过程中，迫切需要“锚”的存在，这个“锚”就是他对自身能力肯定的存在，是他在成长中能充满自信向前踏步的保证。

但是补偿的方式是不同的，每个人能够选择的“锚”也是不同的。有的人能够调整好心态，通过正常途径提升自我，比如通过在学校的刻苦学习，或者挖掘自己在运动、文艺等方面的才能，从而实现自我补偿。但是有的人会深陷自卑情结之中，以自己就是不行为借口，不再积极追求改善，而把自己陷在孤立封闭的空间之中。另外也有可能陷入寻求一种虚假的优越感之中，对一些本不应当做的事情积极追求，展现自己的能力，比如实施校园霸凌等行为。未成年人在成长过程中不可避免会遇到这样的问题，但是网络的出现和繁荣进一步加大了出现问题的可能性。

由于网络空间是一个完美的避风港，在这里每个人都可以找到自己适合的圈子，即便不能，也可以在各种有趣的内容中逃避现实。同时，网络也提供了多种多样的“锚”，有更多实现补偿的可能性。沉溺于网络世界的青少年可以通过炫耀自身的网络技术和在虚拟世界里的成功，来摆脱现实生活中的弱势地位，达到更高层次需要的满足。又或者青少年在生活中遭受挫折或者困难，又没有合理的发泄途径，便会沉溺于网络世界，企图在平等开放的互联网环境中寻找发泄的出口。这样一来，从语言暴力到行为暴力，很容易出于补偿需要和泄愤心理而实施违法行为。更进一步，就包括了利用网络实施犯罪，彰显自身能力，更好弥补自身

① ［奥］阿尔弗雷德·阿德勒：《儿童教育心理学》，欧阳瑾译，中国法制出版社2018年版。

在现实社会能力不足的自卑感。

（二）教育不完善和网络复杂性

未成年人的犯罪率和受教育程度呈明显的反比关系，这点不仅仅表现在网络犯罪领域，但是网络犯罪会进一步加大这样的关系，这体现出了教育和网络对未成年人的双重影响。未成年人利用网络犯罪主要表现在侵财类犯罪，包括诈骗罪、敲诈勒索罪和帮助信息网络犯罪活动罪，多出于获取利益的目的。另外也存在部分出于炫技的非法控制计算机信息系统、非法侵入计算机信息系统的行为。此类犯罪频发也体现了教育不足的问题。

由于未成年人正处于成长过程，其对于世界的正确认知有赖于当下社会传递给其的信息。但目前存在以下问题：一是网络安全教育未及时跟进。很多未成年人对网络充满好奇，但是以为网络空间和现实世界不同，在网络上实施违法犯罪行为可能比较轻微甚至不受处罚，因此实施了网络犯罪。甚至目前许多网络犯罪都有自己从属的黑色产业链，表现在外的犯罪形式只是黑色产业链的末端，黑色产业链的中上游链条由于没有表现出明显的社会危害性而不为社会所知。地上的犯罪是大家能看到的，地下的犯罪链条则盘根错节，犯罪分子雇用在校学生对于已经盗取的公民个人信息等进行是否有“价值”的筛检，借助学生办理银行卡进行资金交易行为等，让越来越多的未成年人参与到网络黑色产业链之中，而很多的学生因为对网络犯罪缺乏认识，并不觉得自己实施了严重的违法犯罪行为。二是价值观的引领教育不到位。当下网络媒体的迅速发展，使得未成年人接触网络的时间越来越长。因此，除了学校和家庭，我们的社会向未成年人传递信息更多是通过网络媒介，但是自媒体的兴盛带来了多元价值观的选择，其中鱼龙混杂，而青少年缺少足够的辨识能力，往往会被错误的价值观所吸引。比如，社交网络上存在的拜金主义和攀比心理致使一些未成年人忽视了个人成长的重要性，只注重金钱的价值，这就导致在缺少金钱来源的情况下实施各类侵财类犯罪。而网络恰好能够提供一个区别于传统偷盗抢侵财类犯罪的机会，来钱快，风险小，成为了一些未成年人的不二选择。

不仅如此，互联网上的色情、暴力、诈骗等诸多现象持续侵蚀心智尚未成熟的年轻人的道德底线。这些消极负面文化很容易扼杀年轻人的意志，误导他们的行为，并刺激他们从事网络犯罪活动。同时，消极的网络文化也容易诱发心理疾病。随着互联网的发展，出现了许多有网瘾症状的年轻人，暴力网络游戏、色情信息让他们上网时感到异常兴奋；脱离互联网之后，让他们宁愿相信互联网也不相信社会现实。导致这类年轻人更难以听从他人的意见，难以实现向成年人的转变。

（三）评价不全面和网络多样性

大部分的未成年人在接受了基础的义务教育后对善恶好坏都是有明确认识的，在这种正确价值观的指引下依然走向犯罪道路不等于教育本身的失败，而往往是因为缺少后续的教育使得这部分未成年人失去了更好提升自我、融入社会的机会。

对于这样的问题，我们可以通过紧张理论予以解释。紧张理论对犯罪原因解释的核心在于：未成年人面临的社会期待，与其所具有的实际机会之间的落差。[①] 也就是说，在社会文化将物质条件和经济水平作为成功标准的情况下，青少年受社会环境的影响，也会对物质条件具有更大的期望和更多的渴望。当其期望越高、自身所具备的机会和条件又不足的情况下，两者之间的落差将会产生紧张；紧张程度越高的青少年，就越有可能采取犯罪行为去解决这个落差、满足自己的期望。[②] 具体到受教育的问题上来讲就是说，由于这部分未成年人无法接受更好的教育，或者说即便接受了高中、中专乃至本科阶段的教育，但因为专业选择、自身能力、就业市场等多种原因，并未能进入更好的就业市场的机会，无

---

① 曹立群、周愫娴：《犯罪学理论与实证》，群众出版社2007年版。

② 张金武，刘念：《紧张理论视觉下的青少年犯罪原因实证研究——以广州地区为例》，载《青少年犯罪问题》2014年第3期。

法实现自身和家庭的期待并获取足够的收入，在这种情况下，紧张就产生了。在此基础上，网络的出现和发展进一步加剧这种紧张感。一方面，网络上盛行各种优质生活的展示，微博、“B站”“小红书”等社交网站展现的生活内容往往是被修饰和夸大的，是脱离实际的，但容易在个人心中形成落差；另一方面，网络提供了一些“特殊的”实现个人期待的机会，这些机会包括在网络游戏中寻求感官刺激，也包括了一些违法犯罪的陷阱，但是能够很好契合一部分未成年人的紧张情绪。因此，在个人本身紧张感极高的情况下，网络进一步加剧这种冲突，同时又提供了看似解决的方案，为未成年人走向犯罪道路提供了动力和方向。

三、犯罪的应对和预防

未成年人网络犯罪数量的增加，是当下全社会网络犯罪激增在未成年人群体上的一个反映，这其中既有网络犯罪本身的问题存在，也有因未成年人群体特殊性叠加产生的双重影响。因此，应对和预防此类犯罪，也应当从两方面解决，从社会多层面协力处置。

（一）关注重点：加强教育引导

加强对未成年人的教育，永远是应对未成年犯罪的良策。有很多文章均强调：“加强对未成年人的法治教育，一直被认为是预防未成年人犯罪行之有效的方法，即使在网络时代也依然如此。”① 对未成年人的法治教育固然不能放松，但是在网络时代，同样要注重对未成年人的价值观引导教育。

1. 提高法治教育针对性

未成年人网络犯罪的重点集中在诈骗罪上，而近年来帮助信息网络犯罪活动罪的数量在不断上升，因此，对未成年人的普法教育既要注重传统的犯罪类型，强调互联网不是法外之地之外，也要对新型犯罪进行

① 陈国猛：《未成年人网络犯罪的结构分析与预防策略》，载《中国刑事法杂志》2017年第2期。

普法宣传。比如，有的未成年人知道把自己的银行卡借给别人“跑分”可以赚钱，就将自己的银行卡、支付宝、微信账号借给别人用于收取诈骗资金，多数未成年人明知道对方在从事不法行为，但仍然为了赚钱，抱有侥幸心理，认为自己只是提供账户不算大事，因此实施了此类违法犯罪行为。鉴于以上情况，学校和家庭在进行教育的时候需要延长法律普及链条，应该把网络安全教育作为法治教育课的一项内容，让学生了解网络犯罪的相关案例，通过分析典型案例强化未成年人在网络中的自我保护能力，让其明白虽然普通违法犯罪与网络违法犯罪有所不同，但他们的危害是相同的，都是对公众权益和公共安全的侵害，都是违法犯罪行为。虽然网络是虚拟的，但犯罪是真实的，犯罪危害结果并不会因网络是虚拟的而减轻或消失。要按照青少年不同的年龄层次结构，有重点地进行法治教育引导，以达到规范网络行为，健康文明上网的目标。

2. 加强价值教育引导性

未成年人的犯罪既是因为自身法律意识淡薄，也是因为在思想上没有正确认清个人和社会之间的关系，网络和现实的关系。阿德勒直言：“如果仅仅抽象地研究肉体的活动和精神的状态，而不同整个的人格联系起来，是很荒谬的。我们在犯罪心理学中对罪行的重视大大超过了对罪犯本人的重视，就属于这类荒谬事物之一例。实际上，这里真正重要的因素是罪犯，而非罪行本身。”① 如果能够调整未成年人的价值观念，那么他就能趋向一种健康的生活方式。因此，家庭、学校和社会都应当注重塑造个人正确的价值观，尤其应当让个人正确认识到每个独立个体本身存在的自在价值。这种价值不仅仅体现在学习成绩上，还可以是任何一方面的特长，甚至只是某一方面的兴趣。只有当个人发现自己是有价值的，才会不断选择提升自己，提高价值，从而保持健康向上的生活状态。

3. 改进教育方式

一方面，丰富文化活动。未成年人在紧张学习的同时，家庭和学校

① ［奥］阿尔弗雷德·阿德勒：《生活的科学》，苏克、周晓琪译，北京大学出版社 2019 年版。

要通过开展丰富多彩的社会实践活动、文化娱乐活动和体育活动来充实未成年人的业余生活，给他们提供一个展示自我和实现自我的平台，使他们能够更多地在现实中收获感受自身价值，成为热爱生活的有为青年。另一方面，选择未成年人喜欢的教育形式，包括短视频、动漫等方式，通过寓教于乐的方法让未成年人了解法律知识，明白网络和现实社会之间的关系。司法机关应积极完善进校园、进社区长效机制，与辖区学校建立相应法治教育基地，开展第二课堂等，并注重发挥教育基地的作用。

4. 提高职业教育水平

对于辍学的未成年人，应对其展开具有针对性的职业教育，使其具有一技之长，未来在社会上能够谋得一席之地，避免其成为社会闲散人员，为未成年人犯罪埋下隐患。职业院校要开设符合市场需求的紧缺专业，提升职业教育就业对口率。要提高整个社会对职业教育的重视程度，扭转社会对职业教育的刻板印象。提升职业院校的教育服务能力和基础设施建设，确保专兼职教师队伍和专业配套设施满足教育教学和学生实践的需要。

5. 落实家庭网络教育指导

结合家庭教育指导制度，对未成年人的父母进行网络安全教育，通过邀请网络专家向父母介绍网络知识，传递网络教育理念，司法工作人员向父母介绍网络犯罪有关情况，解答关于网络违法行为的相关问题，提高家庭教育中的网络教育占比。

（二）优化处置：提升法律处理能力

一个国家的法律对未成年人的保护水平，标志着这个国家的法治建设水平，是社会文明的重要尺度。① 尤其是在互联网时代，法律规范需要调整，相应的配套措施亟待跟进，以适应新时代的发展需求。对于司法处置来说，一方面，此类犯罪属于网络犯罪，应当从严惩处；另一方面，

① 张荆：《冲突、犯罪与秩序建构——张荆教授犯罪学研究甲子纪念文集》，知识产权出版社 2017 年版。

此类犯罪是未成年人犯罪，应当从轻处理。在这样的指导思想之下，公检法司等部门应当协力配合，分类处理，提升法律的针对性，有效打击犯罪，保障未成年人权益。

1. 坚持法庭内外“网络宣传教育”并重，突出综合教育效果

在审理未成年人网络犯罪案件中，为其指定辩护律师并根据案件情况为其提供合适成年人参与庭审，积极做好“寓教于审”的法庭教育工作，注重依法保护未成年被告人的诉讼权利和合法权益；开庭前，积极开展社区调查，就未成年被告人性格特点、家庭情况、社会交往、成长经历以及实施被指控网络犯罪前后的表现等情况形成调查报告，做到对未成年人教育有的放矢、针对性强；宣判后，坚持在当庭给予“关爱提示”“法官寄语”，使未成年被告人能够知晓有关法律规定、明白新型犯罪社会危害性、及时吸取教训，引导未成年被告人积极参与改造，争取早日重返社会。案件审理中，及时发现相关部门在管理上、制度上存在隐患，向相关部门发出司法建议，参与社会管理创新，收到良好效果。

2. 坚持区别对待策略，保护挽救大多数人

准确把握和严格执行宽严相济刑事政策，对于电信网络犯罪的组织者、领导者，以及引诱青少年参与电信网络犯罪的人员，坚决予以从严从重打击，形成强大的震慑力；对于偶尔参与犯罪的青少年，坚持“教育为主、惩罚为辅”的方针，尽可能地适用非监禁刑，最大程度地教育挽救大部分青少年。对适合判处缓刑，但由于父母表示无力监管或不愿监管，使得其监管条件缺失，适用缓刑存在障碍的，应当及时和当地司法行政机关和社区沟通，尽量适用更为合适的刑罚予以规制。

3. 建立回访帮教机制，强化未成年犯心理疏导作用

针对判处缓刑的未成年罪犯，坚持每年进行不定期回访，鼓励其多学习，长本领，做对社会有用的人。同时，对判处实刑的未成年罪犯，坚持电话联系，以便及时了解和关注他们的改造情况，引导他们走上正确的人生道路，成为对社会有益的公民，减少重新犯罪现象的发生。

（三）全面规制：推动社会全面治理

在对未成年人犯罪进行防控时，必须要兼顾现实世界和虚拟世界的综合治理，实现政府、企业、社会组织、广大网民的共同治理，一切以未成年人利益最大化为出发点，促进未成年人身心的健康成长，保护未成年人的网络权益。目前，我国也积极出台了一系列相关规范。2021 年 8 月，针对未成年人网络沉迷和游戏过度消费问题，国家新闻出版署发布《关于进一步严格管理切实防止未成年人沉迷网络游戏的通知》，严格限制企业向未成年人提供网络游戏服务的时间，并且不得向未实名注册和登录的用户提供游戏服务。2021 年 9 月，国务院印发《中国儿童发展纲要（2021—2030 年）》，要求加强未成年人网络保护，落实政府、企业、学校、家庭、社会保护责任，为儿童提供安全、健康的网络环境，保障儿童在网络空间的合法权益。2022 年 3 月，国家互联网信息办公室就《未成年人网络保护条例》再次公开征求意见。征求意见稿主要包括加强未成年人网络素养培育、加强网络信息内容规范、加强未成年人个人信息保护、加强未成年人网络沉迷防治等。但目前更多的规制是倡议性内容，效力不高，且保护面仍有待加强。

1. 完善政府协同机制

对政府各部门的职权范围进行明确的划分，构建各部门之间的业务交流渠道，鼓励不同监管部门间加强配合并进行资源和信息共享，同时推动各部门联合出台统一的行业规则和执法依据，避免发生标准不一、互相推诿等问题，通过协同监管和优势互补来提高行政管理效率。完善公安机关、网信部门等多部门的联合执法机制。对未成年人的帮教内容及落实好对犯罪青少年后续网络使用的监督工作等加强联动，衔接好未成年人网络犯罪的矫正工作。

2. 明确内容限制制度

网络内容纷繁复杂，对未成年人来说难以辨别，需要网络内容、服务提供者和政府部门共同进行限制。目前，各国采用的主要做法都是由网络服务商或运营商承担“守门人”的角色，对网络内容进行筛选和控制，这是互联网法的基本规则即避风港规则。[①] 很多国家都对提供给未成年人的内容进行限制，一些国家建立了网络信息的审查制度，有专门的机构进行审查。我国也应当建立相应的分级制度，对不能由未成年人接触的信息设立严格的管理和验证，对不宜由未成年接触的信息设立醒目的警示标识。

3. 强化网络行业自律

面对庞杂的网络空间，网络行业的自律显得尤为重要，其理所应当承担起保护未成年人的责任。在《未成年人网络保护条例》征求意见中明确，网络相关行业组织应当加强行业自律，制定未成年人网络保护相关行业规范，指导会员履行未成年人网络保护义务，加强对未成年人的网络保护。在未来，行业组织需要积极作为，制定指导社交平台向未成年人提供服务的统一行业规则，强化自身管理和监督，发挥全行业的共同力量。

---

① 姚志伟：《技术性审查：网络服务提供者公法审查义务困境之破解》，载《法商研究》2019年第1期。

我国未成年人审判的重塑

褚　宁*

人民法院的未成年人审判工作是我国未成年人司法的中心，1984 年 10 月上海市长宁区人民法院建立的少年犯合议庭标志着新中国少年司法改革的启动。① 在随后的发展中，未成年人审判也是贯彻落实我国在不同历史阶段的未成年人司法政策以及实现未成年人法治的主要力量。② 本文从未成年人审判与普通审判的比较中，对未成年人审判是一种解决纠纷的特殊审判形态加以阐释；讲明审判机构的专门化为什么是现阶段维系和确保未成年人审判存续的基本组织保障；从法律依据、审判机构、审判职能及受案范围、诉讼规则等方面对未成年人审判加以重塑。

一、对未成年人审判的再认识

与其他依据法律关系划分产生的案件相同，我国的未成年人案件也立足于法律规范的明确规定，未成年人审判具备了“通过裁判解决争议案件”这一所有裁判活动所具有的一般属性，也当然地成为人民法院裁判活动的类型之一。因此，未成年人案件审判权的行使与其他类型的案

* 中国政法大学法律硕士学院副教授、法学博士。

① 参见姚建龙：《中国少年司法的历史、现状与未来》，载《法律适用》2017 年第 19 期。

② 在未成年人审判发展的近四十年里，经历了 20 世纪 80 年代“打击青少年犯罪”的初期阶段；至 20 世纪 90 年代中期，基于未成年人犯罪态势的趋缓，相关司法政策调整为“教育、保护”；随着近年来低龄未成年人严重触犯刑法行为的频发，我国形成了“全面、综合保护未成年人”与“惩治未成年人重大触法行为”相结合的未成年人司法政策。

件相同，裁判行为具有“判断”的本质，具有“从法律规范出发”以实现法律规范所提供保障的权利和法律关系的目的。在解决纠纷的能力方面，也受制于普通审判的解纷局限性。然而，未成年人正处在其生物属性的未完成阶段，不符合现代审判构筑于“理性人”的前提预设。① 因此，不论是以当事人身份或者以其他涉案利害关系人身份被牵涉到诉讼中的未成年人，都存在着作出合乎理性的行为和决定的生理性障碍。为此，以参照成年人的生理与认知发展水平设计而成的程序法、实体法对未成年人的行为作出评价是非正义的，也不能实质性地解决未成年人可持续发展的问题。作为人民法院在最高层面认可的唯一一类以人为识别标志构建的审判类型②，显然，其在借助于诉讼的形式解决纠纷方面应当具有自身的特性。

（一）对人的塑造——未成年人审判的诉讼目标

从“案结事了”的层面来看，未成年人审判只能了结未成年人所牵

① 从生物属性来看，未成年人的大脑前额叶尚未发育完成。脑神经科学的相关研究成果显示，前额叶作为人类大脑发育的最后一块区域，对于理性的形成具有生理层面的决定作用。前额叶发育的不成熟，会导致人类作出的行为和决定具有冲动性、非理性以及文饰性。包括美国青少年精神病学会在内的八个医学组织，向美国联邦最高法院递交了一份引用大量的神经科学和行为学研究成果的报告。该报告称大脑发育一直持续到 25 岁左右，届时最后一块发育的区域是前额叶。前额叶阻止人们作出轻率、冲动的决定。从生理角度而言，前额叶未发育成熟会导致行为以及决定不具有理性。从成长阶段来看，未成年人缺少人生经历，对周边事物的理解和感悟比较偏激、简单和片面，容易锱铢必较和自怨自艾，对各种挫折的应对能力不足，易产生冲动和不稳定情绪，同时对自己行为的后果认识不足。未成年人会在他人的认同中寻找自我价值，当无法被周边环境认可时，较易产生认同危机。

② 在各基层法院的实践中出现了专门针对妇女、老人、残疾人的审判类型，但是并没有成为从最高人民法院自上而下推行的审判类型。仅有以年龄为识别标志的未成年人审判自 1986 年经肖建国教授在《中国法制报》刊登的关于少年犯合议庭的文章被最高人民法院的有关领导关注以后，随后便始终在最高人民法院的关注视野内。在经过了 1988 年、1990 年两次由最高人民法院组织召开的全国范围内的少年法庭工作会议之后，最高人民法院于 1994 年 7 月成立了少年法庭指导小组，指导小组组长由一名副院长担任，副组长由研究室主任担任。2010 年，少年法庭指导小组在研究室内增设了正处级实体性专门办公室——最高人民法院少年法庭指导小组办公室，其主要职能是指导全国少年审判工作。2021 年 3 月 2 日，最高人民法院少年法庭工作办公室成立，将最高审判层级的未成年人审判管理机关提升为厅级单位，并对全国的未成年人审判事务进行统一管理和指导。参见姚建龙：《少年法院的学理论证与方案设计》，上海社会科学院出版社 2014 年版，第 65~71 页、第 77~78 页。

涉的“案”，而无法解决“人”的问题。从诉讼的终局来看，未成年人审判所追求的“案结事了”也无法止步于仅通过“判断”的方式定罪量刑，或者实现法律规范所提供保障的权利和法律关系的确认。

未成年人审判是一种跨越“事件”与“行为”，进而对未成年人人格和违法行为动机作出探究，并且以重新构建和恢复未成年人周边生活环境以及人际关系为诉讼目标的审判类型。具体而言，在未成年人刑事审判中，经过专门的未成年人诉讼程序，通过裁判对涉案未成年人的行为以定罪量刑的方式作出法律层面的评价。然而，作出法律评价仅仅是对涉案未成年人进行教育、矫治的起点。判决的内容还包括在未来的一段时期内，未成年人罪犯应当定期参加心理辅导、公益劳动，从而促使未成年人罪犯的自我认知发生改变，并且培养其改善个人生活环境的能力。更为特别的是，未成年人审判还会将关注点置于导致未成年罪犯行为发生偏差的根源——原生家庭：法院通过与社会支持体系的对接，为未成年罪犯与家人的沟通及共同接受矫治提供了环境支持。这一点体现在未成年人家事审判中则更为显著。因此，普通成人之诉的本质是“判断”，则未成年人之诉的本质在于“判断+保护”，审判的最终目标在于彻底解决未成年人行为偏差的问题，具体表现为对涉案未成年人的行为矫正、人格塑造，以及对其周边人际关系的恢复。前述诉讼目标的实现在很大程度上有赖于审判延伸工作的有效开展。

（二）实际推理模式——未成年人审判的裁判思维方式

从法律人，特别是司法裁判者的裁判思维方式来看，需要经历一个大前提、小前提、得出法律结论的三段论的逻辑分析过程。具体而言，它是将生活事实通过一定的规则（也就是证据规则）认定为案件事实，随后与相关法规范中的要件事实进行比较和归入，并且依此得出法律后果。[①] 这是一个将社会现象或社会问题纳入法律框架内加以解决的法律思维过程，其具有规则理性的转化性[②]。笔者认为，从有“人”的因素介入这一根本特征来看，未成年人审判之“事”绝非仅仅是法律规范中的要件事实，而是细分为两个层次：第一个层次是“法律规范适用层的事实”，是指作为适用法律所依据的案件事实。也就是依据法定构成要件，对通过证据的审查与判断所查明的案件事实进行剪裁和整理之后形成的要件事实。这一层次的事实在刑事审判中事关对未成年被告人的定罪与量刑，以及为受害未成年人的人身、财产权利提供准确的法律救济；在涉未成年人民事、行政案件中，事关对未成年人的人身、财产权利提供保障、确认、变更。这一类事实确认的功能是为了与法规范中的法律后果相匹配，从而得出符合法律规定的实体裁判结果。第二个层次是“纠纷始源层的事实”，是指对导致未成年人案件发生或者对造成未成年人行为偏差的深层次人际、环境因素的事实查明。此外，还包括通过对涉案未成年人及其周边关系人的疏导、教育等举措，能够对导致未成年人行为不端或生活环境不适当的根源进行整体性根治、彻底化解的可能性的探知与评估。这一层次的事实认定对于采用适当的矫治方案，以及选择彻底化解矛盾纠纷的方式具有重要意义。

基于上述内容，涉未成年人审判中的裁判思维是这样展开的：第一，未成年人审判须符合裁判权“判断”的本质，法官从案件事实找到适用的法律规范，并将案件事实比对相应的法律构成要件，判断待处理案件是否符合相应的要件。具体到未成年人刑事审判，这一裁判思维方式对

① 从“人”的真实思维过程来看，这个三段论的分析过程实际上是裁判产生的后过程，在此之前，还存在着一个裁判的前理解过程。当法官初次接触一起案件时，通常会对该案件中“哪一方当事人的主张是正确的”形成一个“假设性的结论”。所谓“主张的正确”是指，通过案件事实，初步地判断哪一方的诉讼主张具有实体法上的依据，也就是诉讼中所提出的请求、权利或法律关系是否在实体法中被提供了保障或作出了明确规定，这实际上是“从事实出发去寻找法规范的方向”。当所依据的法规范被确定下来之后，裁判者将依照前述三段论的方式，得出案件的裁判结果。真正意义的裁判思维发生于后阶段，即“从法律规范向着事实出发”的过程。

② 参见范春堂：《法律思维研究》，山东大学2008年博士学位论文。

应着对被告人准确地适用法律，从而准确地“定罪量刑”；在未成年人民事、行政审判中，则是通过准确认定事实、适用法律，进而判断能否实现原告所主张的法律提供救济的权利和确认相应的法律关系。第二，由于未成年人审判还担负着“保护、教育、预防”的职责，其以“判断”为基础，但并不止步于“判断”，须进一步探索导致未成年人案件发生的背后原因，并将引发要件事实的所有案件事实代入审判的过程。在审理中对当事人、纠纷的利害关系人采取针对性程序，恢复被破坏的人际关系，矫正涉案未成年人的偏差行为，以期最终彻底解决未成年人的行为、生存、发展环境的问题。为此，未成年人审判法官的裁判思维在三段论逻辑分析的基础上进一步发展为实际推理。① 实际推理方法面对法律问题的处理，摒弃了“非此即彼”的二分法，将事物纳入多视角的情境加以处理。这种处理方法注重在具体情况中对困境的各个方面进行综合与协调，解决问题的规则并不采取“选择一个、必然放弃另一个”的方式。在这种推论中，法律解决问题的方式是对具体问题的实际考察，而非在相互对立和矛盾的观点中进行静态的推理和选择。②

具体而言，在普通审判中被视为“无效事实”的大量纠纷事实，在未成年人审判中可能对实质性解决涉案未成年人问题发挥着至关重要的作用，因此应当成为法官选择审理方式和制定矫治方案的重要事实依据。在当事人资格方面，一部分从法律规范层面不具备当事人适格性的涉案利害关系人，对涉案未成年人问题的解决举足轻重，应被纳入实质解决案件矛盾的程序与结果的考量之中。在证据规则方面，一部分在成人审

① 参见褚宁：《女性主义关怀伦理观对我国刑事诉讼的影响》，中国政法大学 2015 年博士学位论文。

② 然而，这并不意味着实际推理模式是对规则和演绎推理的否定与排斥。对于从具体到一般的各种规则，实际论证倾向于使用不太具体的规则或标准，因为这样的标准给予个体化的分析以更大余地。但实际推理模式仍是依据规则进行的，在实际推理中理想的推理模型是规则充分考虑新情况所产生的视角。未成年人司法突破了成人刑事司法以社会防卫为主导的价值追求，在“保护”与“教育”两大理念的指引下，在每一个具体个案中充分发挥法官的自由裁量权，深度挖掘未成年被告人犯罪的成因，对其实现挽救教育的可能性，并设计使其可持续发展的矫正方案，这一切都源自对案件具体情境的深入探究，并从中获得案件的解决方案。参见褚宁：《司法改革背景下的少年家事审判融合发展路径探索》，载《法律适用》2019 年第 11 期。

判中不符合证据规则或者未达证明标准的“证据”，实则有利于证明涉案未成年人所宣称的事实，则可以适当考虑降低证明标准。显而易见，上述裁判思维方式以及诉讼规则，与普通审判以“归入”“判断”为核心的裁判思维方式及其引导下的诉讼规则存在着巨大的差异。

（三）未成年人审判延伸职能存在的合理性

在审判过程中采取何种程序有利于教育、保护涉案未成年人，在裁判结果中如何兼顾、考量涉案未成年人未来的可持续发展，以及如何确保实现这一结果，是在审判工作中实质解决未成年人问题的落脚点。因此，除了须完成与其他审理类型相同的公约项目①，未成年人审判工作还形成了许多特色制度，被称为审判延伸职能（工作）。

笔者曾对2015年至2021年3月互联网上发布的关于未成年人审判的相关新闻进行汇总和梳理，归纳出未成年人审判延伸工作的主要形式包括庭前调查、庭前调解、心理疏导、法庭教育、亲职教育、司法建议、行为禁令、判后回访、跟踪帮教、临时救助、法治宣传、担任法治副校长等。依据这些审判延伸工作是作用于个案的裁判效果，还是具有普适性的教育、保护未成年人的功能，将其区分为：作用于个案的审判延伸工作和作用于社会的审判延伸工作。作用于个案的审判延伸工作更倾向于在个案中作出准确的法律“判断”，以及实现该判断的结果。根据在审判中发生的阶段，可以将其进一步地划分为：判决前的延伸职能、判决后的延伸职能以及贯穿性的延伸职能。判决前的延伸职能包括有社会调查、庭前调解（民事）、法庭教育、行为禁令；判决后的延伸职能是指，判后回访、跟踪帮教；贯穿性的延伸职能包括心理疏导、亲职教育、临

---

① 所谓的公约项目是指在日常审理中的个案管理工作。在实践中，个案管理的主要工作内容和流程是：辅助性事务（文书送达、通知、庭前准备）、审判类事务（庭前谈话、调查、开庭、证据交换、书写及制作判决书、具体事务（确定案件审理方向及思路、确定案件审理的流程及环节、确定案件审理的基本要点、确定并告知当事人需要完成的事项、确定证据交换、调查、调解及庭审、完成裁判文书并宣判，案卷归档）。参见邹碧华：《要件审判九步法》，法律出版社2010年版，第39页。

时救助。“作用于社会的审判延伸工作”包括司法建议、法制宣传、担任法治副校长等。总体而言，这些审判的延伸职能或有助于在个案中准确地认定事实、适用法律，或有益于“判断”层面的实体裁判结果的实现，抑或有利于实现对未成年人矫治与重塑的延伸诉讼目标，最终确保司法判决在全面、彻底地实现教育和保护未成年人方面的诉讼目的；还有一部分延伸职能旨在通过宣传未成年人司法保护的相关司法政策和法律法规，从而助力未成年人保护的法治建设。

二、从我国法院的功能定位思考未成年人审判的重塑

毫无疑问，未成年人审判的良性发展，于国家、社会而言具有重大的治理意义。为此，即使在遇到重大转折和挫折的时刻，人民法院始终坚持强调“未成年人审判只能加强，不能削弱”的主基调。然而，发展之路在何方呢？尽管具备了超越“判断”的延伸诉讼目的是实现未成年人审判治理价值的落足点，但是未成年人审判不是一个能够独立闭环运转的体系，它必须直面其与普通审判共同具有的“依法裁判”的本质，以及接受法院系统内的构筑于普通审判特征之上的审判管理。想要焕发新的生机，未成年人审判必须以“融入”的姿态投入法院系统的大家庭。因此，未成年人审判的发展问题必须回到审判系统的整体中进行思考和解决。

（一）既有条件下，专门的审判庭是确保未成年人审判发展的基本组织载体

未成年人审判从产生至发展的近四十年来，也是未成年人审判机构找寻恰当组织形态的四十年。特别是自 2008 年之后的十余年间，随着未成年人刑事案件数量的逐年递减，人民法院关于未成年人审判工作的重点始终围绕着以何种机构设置维系未成年人审判。在这其中，审判机构的专门化是追求的目标。其背后原理在于：以普通审判为参照对象所设计的实体裁判质量评价指标中，难以体现未成年人审判的延伸职能以及

特色审判制度。为了实现未成年人审判特殊的诉讼目的所应当存在的必要内容无法成为法院系统内评价审判质量的必要内容。在缺失专门立法对未成年人特色审判制度提供法律依据的制度框架下，专门的、独立的机构设置是维持未成年人审判中的特色审判方式、延伸审判职能，以及未成年人法官队伍建设、业绩考核的基本组织载体。缺少了专门审判机构作为组织依托，未成年人审判法官们会基于其他案件体量巨大、未成年人审判特色工作难以产生个人绩效而失去了开展相应特色工作的积极性。

在缺少专门的未成年人司法法为制度依托的背景下，未成年人案件合议庭、专人审判因为密切隶属于普通审判的业务庭室，难以起到保护未成年人审判特色工作开展的屏障作用。未成年人案件综合审判庭、指定集中管辖，以及近年来倡导的未成年人与家事案件融合的组织形态，较为符合未成年人审判机构专门化的要求。

相较于其他各种实践探索的组织形态，未成年人与家事审判庭是较为理想的审判机构设置方案。第一，从设置专门化审判组织机构的影响因素来看，党和国家的发展战略、审判类型的专业性、管辖案件范围的确定性，以及规模性标准等因素发挥了重大作用。① 在这其中，党和国家的发展战略所发挥的影响作用最为深远。《最高人民法院关于深化人民法院司法体制综合配套改革的意见——人民法院第五个五年改革纲要（2019—2023）》中明确提出了探索家事审判与未成年人审判统筹推进、协同发展的战略。第二，未成年人审判与家事审判具有诉讼机理层面的相通性。家事审判与未成年人审判在最高人民法院历年的两会报告中均被置于“民生”部分，而且保持首尾相接的态势。② 从解决纠纷的判断标准而言，两者均具有了“问题实质解决”的特点：其诉讼目标并不停留、

① 参见何帆：《新时代专门人民法院的设立标准和设置模式》，载《中国应用法学》2022年第3期。

② 2020年，家事审判与未成年人审判被置于“坚持司法为民、公正司法，维护社会公平正义”部分；2021年，两类审判被置于“切实维护人民群众合法权益”部分；2022年，两类审判体现在“始终坚持以人民为中心”部分，并且两类审判业务的排布均为前后紧密接续。

不驻足于通过法律适用作出“判断”，而是更为关注涉案当事人以及相关利害关系人的周边人际关系的修复，从对行为的判断演进至对人的关心。基于诉讼目的的不同，两类案件的裁判思维方式也不再是传统意义的三段论，而须更多地从具体情境出发，在关系中化解矛盾、解决纠纷，而非作出非黑即白的判断。体现在诉讼制度方面，未成年人审判与家事审判均强调职权探知主义、程序的灵活性、证据规则的特异性及当事人对纠纷完整的表达等。而为了确保案结事了的效果确实能够产生，必要的延伸职能被大量地适用。① 第三，从判决结果的连续性以及相互影响性来看，家事审判能够为提前介入和阻断未成年人事件的产生而发挥巨大作用；与此同时，家事审判对未成年人保护理念的贯彻也会成为维系未成年人审判效果的重要前期保障。② 第四，从案件体量而言，家事案件在全国各类案件数量排名位居前茅。在捆绑发展的模式下，这一点恰恰有力地弥补了未成年人案件数量不足以支撑起独立审判庭，却在审判专业化层面亟待独立的缺憾。③ 第五，独立的未成年人与家事审判庭能够在法院尚不能够将未成年人审判延伸职能纳入考核体系的情形下，一定程度地保障相关法官的利益，进而确保相关特色工作的开展质量。同时也为时机成熟之时的未成年人与家事法院的设立提供了组织基础。基于上述理由，未成年人审判与家事审判的融合将会产生资源共享、平台互利的共

---

① 例如，前置性调解、心理疏导、社会调查、判后回访、预防性干预等措施均为两种审判类型所必需的审判延伸职能。

② 良好的家庭氛围、稳定的家庭关系成为确保未成年人健康成长的基础保障。

③ 少年家事审判模式最初产生于江苏南京，即是出于解决案件量不足的原因。以笔者曾经于 2020 年 3~4 月调研过的 S 市 J 区与 P 区两个基层法院的未成年人与家事案件所占本庭业务的比例来看，仅未成年人案件与涉未家事案件的总量即足以支撑一个完整的业务庭室。以 S 市 P 区 2019 年未成年人与家事案件量具体为例，涉未成年人刑事案件与涉未成年人民事案件的共同数量相加不过 94 件，在本庭案件量的占比不过 10.24%。在该庭未将不涉未成年人家事案件纳入本庭受案范围的基础上，未成年人与家事案件在本庭所受案件的占比达到 76%，约为涉未成年人刑事与涉未成年人民事（不含涉未家事案件）案件总和的 7.6 倍。而将全部家事案件纳入受案范围的 S 市 J 区 2018 年度、2019 年度的家事案件分别占本年度本庭案件总量的 97.4%、95.61%，占全院家事案件的 83.7%、74.4%。两年度的涉未成年人刑事、民事案件各自分别共计为 60 件（56+4）、87 件（78+9），占比仅为 2.6%、4.39%。若从不含涉未成年人家事案件的未成年人审判受案量来看，案件量确实已达谷底，须借力于家事案件，方能满足未成年人审判法官的办案数量考核。

赢局面。

（二）划定未成年人审判延伸职能的边界

基于对未成年人人格的塑造和周边人际关系的恢复这一重要的衍生诉讼目标，未成年人审判的大量延伸职能的内容与主管社会行政事务保障的职能部门所行使的行政职能有一定的重合。特殊审判延伸职能的内容和行为的边界在哪里？由哪些主体承担相应的审判延伸职能更为妥当？这些都是值得思考的问题。

根据本文对延伸工作的划分来看，作用于个案裁判效果的延伸工作具有当然的司法属性，可以将其视为作出正确的实体裁判结果，以及实现该裁判结果的必要条件。这其中，根据该职能对准确认定事实、正确适用法律及确保裁判效果实现等方面的能力，也呈现出司法属性程度的强弱差异：隶属于判决前的延伸职能的社会调查、庭前调解（民事）、法庭教育、行为禁令，以及贯穿性的延伸职能中的心理疏导，都具有较强的判断性。具体至未成年人刑事审判中，社会调查、心理疏导有助于准确掌握涉案未成年人的成长环境以及犯罪发生的诱因，从而可以形成准确的定罪量刑，并且设计出针对性强的矫治方案。法庭教育、庭前调解、行为禁令则有助于在个案的审判前、审理中对未成年人及其家人发挥教育、督促功能，从而确保裁判结果得到良好的贯彻、实现。判决后的延伸职能中的判后回访、跟踪帮教、司法救助尽管对于判决结果的落实具有监测、强化的效果，但因其对裁判的产生不具有直接效果，因此是弱判断性的审判延伸职能。总体而言，前述延伸职能都具有司法属性。

贯穿性的延伸职能中的临时救助是一种在裁判过程中对涉案未成年人提供紧急安置、庇护的手段，具有应急性、临时性，但不具有司法属性，作用于社会的审判延伸工作中的司法建议是指基于人民法院在个案审理中对有关问题形成的建设性意见，进而向有关单位或个人提出。

未成年人审判延伸职能属性见表1。

表 1　未成年人审判延伸职能属性

<table>
<tr><th colspan="2" rowspan="2">审判延伸职能分类</th><th colspan="2">司法属性</th><th rowspan="2">非司法属性</th></tr>
<tr><th>强</th><th>弱</th></tr>
<tr><td rowspan="3">作用于个案的审判延伸工作</td><td>判决前的延伸职能</td><td>社会调查、庭前调解、法庭教育、行为禁令</td><td>—</td><td>—</td></tr>
<tr><td>判决后的延伸职能</td><td>—</td><td>判后回访、跟踪帮教</td><td>—</td></tr>
<tr><td>贯穿性的延伸职能</td><td>心理疏导</td><td>—</td><td>临时救助</td></tr>
<tr><td>作用于社会的审判延伸工作</td><td colspan="3">—</td><td>司法建议
法治宣传
担任法制副校长</td></tr>
</table>

对于上述不同属性的延伸工作，究竟哪些由法院践行较为合适呢？具体而言，法庭教育、行为禁令是具有强司法属性的延伸职能，司法建议、司法救助是由法律赋予司法机关基于个案或类案行使的相关职能，因此，应当由法院行使和承担。庭前调查、心理疏导、庭前调解、亲职教育等延伸职能，一方面，因为有助于准确地查明完整的纠纷事实，因而与作出裁判具有密切相关性；另一方面，这类延伸职能具有极强的其他领域的专业性。笔者认为，在实践中，法院可以根据个案中某项具体的延伸工作对其他相关专业要求的程度、自身在该专业方面的完成度、其他审判业务的压力及向外转介的财政保障等因素，综合衡量是否由自身完成，抑或与相关专业人士联合开展，或者完全转介出去。判后回访、跟踪帮教，尽管具有监督裁判效果实现的功能，但相关的工作主要由帮教机构开展，人民法院起到信息集散平台的作用，主要负责收集、了解判决执行的情况，并向相关部门反馈。临时救助作为一种应急性、补充性的手段，可以从有利于未成年人的角度由法院根据自身条件，选择自己承担或者委托专门机构承担。而作用于社会的审判延伸工作尽管不具

有司法属性，却因其在教育未成年人方面发挥的直接、显著功能，已经成为人民法院宣传未成年人司法制度、预防未成年人犯罪、教育保护未成年人的一项长效机制，应当由人民法院专门完成。延伸工作应当纳入法院的司法统计指标体系，体现在未成年人审判法官的年终业绩考核中，以确保延伸职能的有效实现。①

（三）未成年人审判案件范围跳脱出法律关系属性的窠臼

近年来，我国未成年人司法模式呈现出了对未成年人利益保护的全面性与综合性的特征。关于全面、综合保护的含义，可以从两方面理解：从保护对象来看，未成年人司法制度既着眼于未成年罪错行为人的教育与保护，也包括对未成年被害人利益的保护，以及民事、行政案件中的涉案未成年人的各项基本权利的兼顾；从保护的利益来看，涉案未成年人的生命权、健康权、人格权、财产权、发展权等各项权益被全覆盖于涉未成年人的刑事、民事、行政案件之中。我国未成年人司法模式的基本特征体现在未成年人审判之中，便是未成年人审判的受案范围从刑事领域向民事、行政领域的跨越。

20 世纪 90 年代由最高人民法院倡导的未成年人案件综合审判模式，即指将未成年人审判的受案范围从单一刑事审判扩展至涉未成年人民事、行政案件。随着家事审判改革的推开，涉未成年人的家事纠纷也被纳入了未成年人审判的范围。总体而言，未成年人审判终于实现了以年龄为横截面，从以法律关系属性划分的各类案件中截留出一部分案件。受案

---

① 不难看出，上述工作对少审法官以及人民法院的整体性运作都提出了很高的要求，主要体现在未成年人审判法官的业务多样性、工作量大，以及对法院的财政供给、与社会支持体系对接能力等方面。以法治宣传的工作为例，未成年人审判法官为之准备的授课内容杂糅了法学、教育学、心理学、医学等内容；而此项业务的开展还牵涉到内外组织、协调与管理等大量审判以外的内容与因素。其所占用的未成年人审判法官的精力不亚于审判工作。而庭前调查、心理疏导、亲职教育等工作内容，不仅需要花费较大的审判外精力，还需要法院提供强大的财政支持以寻求专业社会工作力量的支持。为此，通过专门的审判机构，甚至以专门法院的形式确保相关延伸工作的顺利开展，并且将延伸工作纳入法院的司法统计指标体系，体现在少审法官的年终业绩考核中，也是确保延伸职能有效实现的重要保障。

范围以涉案纠纷是否涉及未成年人的重大利益为标准，进而将被害人是未成年人的侵害人身权利案件与侵害财产权案件均纳入进来。从未成年人审判着眼于问题实质解决的诉讼目标来看，使得涉及未成年人重大利益、基本权益的案件均能够通过诉讼得到关照，是未成年人审判存在的价值。实际上，未成年人刑事审判领域早就践行了以保护未成年人利益为标准的受案标准，从最初仅限于被追诉人是未成年人的案件扩展至了被害人也是未成年人的刑事案件。未成年人家事案件的纳入，则更是从未成年人利益和纠纷的实质解决出发，从而跳脱出"权利—义务"当事人限制的一种扩大受案范围的思路。现阶段，具体至未成年人刑事审判与未成年人民事审判，仍然存在以下几个较为重要的具体问题值得探讨。

就刑事审判而言，是否将所有罪错未成年人案件纳入审判领域，仍是一个有争议的话题。我国对未达刑事责任年龄的低龄未成年人的触犯刑法行为、严重不良行为等越轨行为的法律规制，在既无未成年人司法的依据，也未经《刑法》《刑事诉讼法》等相关法律明确规定的情况下，不具备通过诉讼的方式予以规制和加以纠正的入门性资格。新修订的《预防未成年人犯罪法》将针对这几类行为作出专门矫治教育的这一具有限制未成年人人身自由性质的决定权赋予了由专门教育指导委员会指导、监督下的教育行政部门与公安机关。这样的模式是否符合未成年人司法规律，以及是否足以保障未成年人合法权益，仍有待制度的推行与效果的反馈。

未成年人民事案件中，未成年人审判与家事审判之间的重叠部分——涉未成年人家事案件的归属是较为重要的问题。如前所述，未成年人案件综合审判的思路是自20世纪90年代中期，人民法院系统内部为了回应未成年人案件量不足，难以维系独立建制的审判业务庭室的背景下所产生的模式。尽管其产生的初衷源于解决案源不足的问题，但这一思路契合了未成年人之诉全面、彻底地解决未成年人问题的宗旨。然而，随着家事审判的全面推开，涉未成年人家事案件的归属问题凸显出来。

从法律规范所设定的“权利—义务”当事人的标准划分来看，涉未成年人家事案件仍属于家事案件，原因在于绝大多数此类案件中，案件所涉及的法律关系属性为家事案件，并且未成年人不具备当事人资格。但是，从涉及的利益以及未成年人未来身心发展来看，此类案件具有显著的未成年人属性。与此同时，反映在司法实践中，这一问题的核心是，拥有庞大案件体量的涉未成年人家事案件的归属，直接决定了未成年人审判能否独立成庭，还是依附于家事审判。毫不夸张地说，涉未成年人家事案件的归属是未成年人审判与家事审判在受案范围层面的争议核心。针对这一问题，实践中有两种做法：第一种是将其置于未成年人审判统帅下的未成年人审判优位型；第二种是未成年人审判与家事审判共生存在的未成年人审判寄居型。

综上所述，识别涉未成年人案件的总括性标准为：案件事实和所适用的法律规范构成要件围绕未成年人展开，或以未成年人为案件当事人，或者案件与未成年人的人身、财产权益、未来发展权益直接相关。具体表现为，案件的争议焦点、审理重心以及审理过程与未成年人的人身（含心理、精神因素）或财产权益具有直接关系。具体呈现为如下两个结论：第一，涉未成年人案件不等于涉未成年人刑事案件；第二，涉未成年人案件涵括了涉未成年人刑事案件、民事案件（含家事案件）、行政案件。这一结论也契合了最高人民法院在《关于加强新时代未成年人审判工作的意见》中提出的“深化综合审判改革，全面加强未成年人权益司法保护”的发展思路。在微观层面上，各法院可以根据自身情况划定涉未成年人刑事、民事（含家事）、行政案件①的具体受案范围。②

（四）未成年人案件证据规则的精细化设计

基于未成年人审判的双重诉讼目的，无论是未成年人刑事审判中的“控—审—辩”三方关系，或是相关民事、行政审判中当事人之间的对审关系都具有以下特点：第一，诉讼进程中的司法机关代表国家扮演了涉案未成年人的“终极监护人”角色，审判的过程和结局更趋向于父母管教、教育子女；第二，诉讼的内容和目标具有显著的面向未来性，以涉案未成年人的未来健康成长与发展为诉讼的目标。为此有必要建立一套迥异于普通审判程序的未成年人审判方式。审理的方式强调法官的职权探知性，由法官直接发问，询问案件事实或者民事案件中的婚姻、财产

---

① 关于涉未成年人行政案件。这类案件的复杂性强、办理难度大，并且数量畸少，审理此类案件对未成年人审判法官的审判思路容易造成较大冲击，可能导致其办案的精力偏离未成年人审判特色工作。为此，从司法实践的选择来看，一部分法院未将涉未成年人行政案件纳入未成年人审判的管辖范围，或由本院行政庭管辖，或指定集中管辖于其他法院。即使在受案范围中保留了涉未成年人行政案件的，从其反馈的案件量数据来看，少则近三年来没有案量，多则近十几年来无此类案件。笔者认为，从理论分类上应当继续保留涉未成年人行政案件，并持续跟进相关的理论研究。但是从司法实践方面，则适宜由各法院根据便利原则延用其原有的做法。

② 关于涉少刑事案件，建议区分为应当受理与可以受理两类。应当受理类包括：被告人实施被指控的犯罪时不满18周岁，人民法院立案时不满20周岁的案件；被告人实施被指控的犯罪时不满18周岁、人民法院立案时不满20周岁，并被指控为首要分子或者主犯的共同犯罪案件；侵害未成年人人身权利的犯罪案件；上述三类刑事案件罪犯的减刑假释、暂予监外执行、缓刑撤销等刑罚执行变更类案件。可以受理的范围包括：侵害未成年人财产权的犯罪案件；连续就读至普通高等学校且尚未毕业的在校大学生犯罪案件；人民法院立案时被告人不满22周岁的犯罪案件；其他涉及未成年人权益保护的犯罪案件。参见褚宁：《司法改革背景下的少年家事审判融合发展路径探索》，载《法律适用》2019年第11期。

关于涉未成年人民事（含家事）案件受案范围：从符合未成年人民事审判的职能定位出发，以少年特色为基础，兼顾“一定案件量”的需求，笔者建议将涉少民事案件（含涉未成年人家事案件）的受案范围设计为包含应当受理与可以受理两类。应当受理部分具体为：一方或双方当事人为未成年人的人格权纠纷案件；涉及未成年人权益的婚姻家庭纠纷案件（涉及未成年子女的离婚纠纷、涉及未成年子女的婚姻无效纠纷、涉及未成年子女的撤销婚姻纠纷、涉及未成年子女的同居关系纠纷、抚养纠纷、收养关系纠纷、监护权纠纷、探望权纠纷、其他涉及未成年人权益保护的婚姻家庭纠纷）；涉及未成年人权益的监护人责任纠纷，一方或双方当事人为未成年人的其他侵权责任纠纷案件；涉及未成年人权益的适用特殊程序案件（监护权特别程序案件、宣告失踪、宣告死亡案件、认定公民无民事行为能力、限制民事行为能力案件）。可以受理的范围包括：其他涉及未成年人权益的婚姻家庭、继承纠纷案件；一方或双方当事人为未成年人的物权纠纷；一方或双方当事人为未成年人的合同、不当得利、无因管理纠纷；一方或双方当事人为未成年人的劳动争议纠纷；其他涉及未成年人权益保护案件。参见褚宁：《司法改革背景下的少年家事审判融合发展路径探索》，载《法律适用》2019年第11期。

等关系的问题。强调专业人士对涉案未成年人的陪同，以进行程序的释明和及时的心理疏导。在证据规则方面，放宽严格的证据法则，鼓励涉案未成年人可以把一切的事情说给法官听，可以采用灵活的方式陈述。

我国的涉未成年人刑事审判遵守成人刑事审判的证据规则，证明标准与成人案件相同，须达到排除合理怀疑的程度。然而，从未成年人审判以教育、矫治为终局的诉讼目的来看，未成年人刑事审判与民事、行政审判均应适用更为灵活的、以有利于未成年人为标准的证据规则。未成年人审判的事实认定中可以区分出法律规范适用层与纠纷始源层的两层次性，每一层次的事实认定可以适用相应的证明规则。针对法律规范适用层的事实查明问题，进一步区分涉及未成年人人身自由和不涉及未成年人人身自由的案件。对涉及未成年人人身自由的案件严格适用排除合理怀疑的证明标准。对不涉及未成年人人身自由的案件，则采取与民事法院相同的优势证据标准。所谓的不涉及未成年人人身自由的案件是指，侵害未成年人人身、财产权益的刑事案件及涉及未成年人利益的民事、行政案件。从保护未成年人的角度出发，将证明标准降低，适用优势证明标准，有利于快速、有效地实现对未成年人权益的保护。针对纠纷始源层的事实查明则不受普通案件证明标准的限制，应当赋予当事人将涉及纠纷的一切内容用自己的话表述给法官的机会，同时赋予未成年人审判法官较大的自由裁量权。不论是以百分比表现的高度盖然性或优势证明标准似乎都无法“一已担当”，法官须在查明案件完整事实及完整纠纷事实的过程中不断切换内心的认识，从而形成“内心确信”。如此，在进一步的审判工作中，方能通过专门的审判程序获得涉未成年人案件对于判决的信任与执行。

论未成年人双向保护原则

陈结森*

2018 年，湖南益阳 12 岁男孩家中持刀杀害自己的母亲；2019 年，辽宁大连 13 岁男孩蔡某猥亵杀害同小区 10 岁女童并抛尸灌木丛；2022 年 3 月，陕西汉中 13 岁男孩杨某杀害邻居 6 岁男童并藏尸。类似案件的曝光越来越多，未成年人犯罪案件越来越成为公众讨论的热点。然而，学界在讨论未成年人恶性案件的处理时，多关注于罪错未成年人刑事责任的承担、权利保护与矫正教育上，而忽视了对未成年被害人应有的关注以及保护未成年人与维护社会利益之间的权衡。未成年被害人权益保护缺位体现出我国少年司法在实践中仍存在各种问题，未成年人的双向保护原则作为我国少年司法的基本原则之一，尚未发挥出应有的理念指导作用。因此，本文主要针对少年司法中的双向保护原则，研究该原则的缘起与意涵，分析其在实践适用中出现的困境，寻求解决问题的思路与对策，以更好地把握双向保护原则，积极引导实践，切实维护未成年人的各项权益。

一、未成年人双向保护原则的缘起及意涵

未成年人双向保护原则，一般是指国家在对有犯罪行为的未成年人所进行的司法活动中，既要注重保护社会秩序、维护社会的稳定和社会

---

* 作者单位：安徽大学法学院。

公众的利益，对犯罪的未成年人依法惩处，又要注重保护犯罪未成年人的教育和挽救。双向保护原则的产生缘起于国家亲权理念，政府作为任何身处弱势之人特别是未成年人的监护人，肩负维护后者最佳利益的法定职责直至其成年为止。在国家亲权理念的影响下，我国将保护未成年人的理念应用到司法制度中，促使少年司法得以产生与发展。未成年人身心发育尚不健全、是非认知尚不清晰，无论是罪错未成年人还是未成年被害人，司法都需要对其采取有别于成年人的处遇方式，而一旦对罪错未成年人的保护过度必然会导致惩戒不足，造成社会利益的损害。因而，双向保护原则在此背景下得以产生，强调未成年人权益与社会利益、罪错未成年人权益与未成年人被害人权益的平衡与统一。

未成年人双向保护原则源于《少年司法最低限度标准规则》。1985年，联合国第40次会议通过了该公约，也被称为《北京规则》，其中规则第5条提出，少年司法的目的有两个：一是增进少年的幸福，刑事法院应当对少年的幸福给予重视强调，避免只采用惩罚性的处分；二是“相称原则”，不仅应当根据违法行为的严重程度而且也应根据本人的情况来对少年犯作出反应，确保少年犯的幸福所作的反应也许会超过需要而侵犯了少年个人的基本权利，对此应当确保对罪犯的情况和对违法行为、包括受害人的情况所作出的反应也要相称。《北京规则》经联合国大会批准后，双向保护原则在我国司法中得以正式明确与发展。

近年来，双向保护原则在我国各项法律法规与规范性文件中得以进一步贯彻与落实。2020年12月，最高人民法院发布《关于加强新时代未成年人审判工作的意见》明确提出，坚持双向保护，既依法保障未成年被告人的权益，又要依法保护未成年被害人的权益，对各类侵害未成年人的违法犯罪要依法严惩。同年12月26日通过的《刑法修正案（十一）》中，对未成年人刑事责任年龄、性侵未成年人犯罪量刑等作出了一系列新规定，体现了双向保护原则的基本立场。2021年6月1日起施行的《预防未成年人犯罪法》和《未成年人保护法》也都体现了保护未成年人权益与保护社会利益的有机统一。

二、未成年人双向保护原则实践困境

双向保护原则作为少年司法的基本原则之一，体现了保护未成年人权益与保护社会利益的平衡统一，在现实中却面临着诸多困境与问题，应该引起高度关注。

（一）罪错未成年人的保护与惩戒失衡

在国家亲权理念的影响下，传统刑法放弃了对犯罪少年适用报应刑观念，而树立起了教育、保护的观念。“宽严相济”的刑事政策提出后，学界在讨论未成年人犯罪时，大多数伴随着“宽和主义”这一主线展开，主张要侧重于对未成年人进行宽泛处理，“宽严相济”中的“严”被理解为“严密防范”，忽视了对未成年人惩戒性的重视。在治安管理处罚中，对罪错未成年人常因年龄较低而不予治安处罚或者只予以罚款而不执行行政拘留。刑事司法中，存在罪错未成年人因为未达到刑事责任年龄而减免刑事责任的情况，一些未成年人思想早熟，不仅学会避免承担刑事责任，甚至被变相刺激，以此作为违法犯罪的威胁手段。针对未成年犯罪人的刑罚适用方式，凸显出轻缓化、非监禁化与非刑罚化的特征。但刑罚的目的不仅在于预防，也在于报应，一味地强调刑罚的功利性，忽视了刑罚的报应目的，会造成刑罚威慑力被削弱的结果，不利于维护社会秩序的稳定。

双向保护原则的内涵在于保护未成年人与维护社会利益之间相统一，而基于立场差异，以儿童利益最大化为本位的少年司法对应为保护理念，更多强调对未成年人的处遇特殊化及最大化的保护范式。实践中对罪错未成年人的保护与惩戒不科学，司法机关就难以把握保护未成年人与惩罚犯罪之间的平衡，审判结果也就常常得不到公众的共情与赞同，甚至会令人产生保护罪错未成年人权益与保护社会利益相对立的误解。

（二）忽视对未成年被害人的保护

在未成年人刑事案件中，公众的议论与学界的探讨大多数聚焦在罪错未成年人的刑事责任与权利保护上，而忽视了对未成年被害人的保护。当前刑事政策下，对罪错未成年人进行特殊保护是必要且正当的，但这种特殊保护一旦侵害了同是未成年人的被害人权益时，则违背了双向保护原则，破坏了保护未成年被害人与保护未成年加害人之间的平衡。当刑事案件中被告人与被害人同是未成年人时，如果罪错未成年人因为年龄问题而被减轻或免予刑事处罚，对未成年被害人显然有失公允。此外，一般刑事案件中，被害人的赔偿主要来源于被告人一方，在前述情况下，未成年被告人如果不需要赔偿或者拒不赔偿，甚至会使得未成年被害人长久无法摆脱阴影，得不到良好的心理治疗与精神康复。未成年被害人同罪错未成年人一样，身心发育尚不成熟，相较成年人更容易受到犯罪所带来的不良影响。贯彻落实双向保护原则，需要加强对未成年被害人的关注与保护。

（三）司法保护与社会保护衔接不畅

双向保护规则的贯彻落实不能仅依靠司法保护，还需要与社会保护相衔接。实践中，公安机关、人民检察院、人民法院等办案机关常常更注重案件办理与程序正义，而忽视了双向保护原则等司法理念覆盖，与社会工作的对接存在不足。《预防未成年人犯罪法》中虽然对不良行为矫治与重新犯罪的预防都作出了相应的规定，如设置专门学校对接受专门教育的未成年人分级分类进行矫治教育、督促未成年犯管教所与社区矫正机构加强对未成年犯的法治教育等，但这些工作在实践中操作难度高，难以得到有效保障。专门学校中存在排斥现象，易激发未成年人对专门教育的抗拒，而家庭矫治则要求监护人具有较高的道德水准与教育能力，易引起未成年人的逆反心理。可见，学校与家庭自身能对未成年人提供的社会保护力度明显不够。

三、未成年人双向保护原则的把握

双向保护原则已在我国各项法律法规与规范性文件中得以明确体现，

却在实际操作中面临着诸多困境，无法发挥出应有的理念指导作用。针对实践中出现的问题，需要进一步加强对双向保护原则的把握，突破困境并寻求新的出路。对此，建议如下。

（一）罪错未成年人保护与惩戒的平衡策略

双向保护原则要求既依法惩处罪错未成年人，也注重对其权益的保护。当前，我国法律对罪错未成年人强调保护最大化而减弱了惩戒性，忽视了可能产生的负面社会影响，亟须采取相应的措施达成权利保护与惩戒教育之间的平衡。在罪错未成年人司法处遇中贯彻修正后的《未成年人保护法》，就必须考量福利保护与责任负担的辩证统一，通过对未成年人身心规律的把握实现未成年人福利保护与责任负担的科学、动态整合。对此，建议如下。

首先，可以对罪错未成年人采取分级制度，区分不同的罪错程度来确认不同罪错未成年人所需要的保护与惩戒。罪错程度可以分为不良行为与违法行为，不良行为指违反《预防未成年人犯罪法》所要求的行为，此时其行为尚未达到违法犯罪的程度，容易被各种预防教育所矫治，不需要对其实行严重的惩戒教育。而违法行为指罪错未成年人实行了违反治安管理的行为或犯罪行为，其行为因不具有责任能力而不予行政或刑事处罚，对此类罪错未成年人要加强“保护处分”，通过训诫、管教、督促矫治、专门教育、专门矫治教育等措施使其得到矫正并顺利回归社会。保护处分的目的并不在于对未成年违法犯罪者的惩罚，而是重在对未成年人的保护、教育，通过对未成年人生长环境的调整、人格的矫正，使他们能够回归社会，融入正常的社会生活之中。

其次，可以参考域外经验，适用“恶意补足年龄”规则。关于“刑事责任年龄是否应当降低”的问题一直是社会讨论的热点，笔者认为，刑事责任能力虽然与刑事责任年龄密切关联，但本质上是与未成年人的理解与判断力相关联的。“恶意补足年龄”来源于英美法系国家，一般指对于处在特定年龄阶段的不满最低刑事责任年龄的未成年人，原则上推定其不具有刑事责任能力，如果控方能够充分证明该未成年人在实施刑法所禁止的严重危害行为时具备“恶意”，即意识到行为的错误性（抑或社会公众对该行为的消极评价）且执意为之，则可否定之前对其作出的不具有刑事责任能力的推定，视为已达刑事责任年龄。此规则作为一种弹性规定，既能保证刑法的稳定性，又能考虑到个案的具体情况，不再对所有罪错未成年人一概而论，具有一定的参考价值，但对其中“恶意”的证明仍需要进一步进行研究并构建明确的评价体系。

最后，保护罪错未成年人权益并不与保护社会利益相对立。双向保护原则里保护未成年人权益是指保护一切未成年人总体的权益，而不是保护个别未成年人的权益。罪错未成年人是因为实施了违法犯罪行为而侵害了社会利益，进而被置于社会利益的对立面，单纯地将所有未成年人权益与社会利益相对立是不准确的。“个人权利”是指一切个人的权利而不是个别人的权利，社会是由所有的个人组成的，一切人的个人权利也就有机地构成了社会整体利益。而对罪错未成年人进行教育矫正后，社会关系被修复，罪错未成年人的利益会被还原归入所有未成年人的利益中。因此，科学地维持罪错未成年人权利保护与惩戒教育之间的平衡，符合社会根本的、长远的利益。

（二）加强注重对未成年被害人的保护

双向保护原则要求既保护未成年被告人的权益，也要保护未成年被害人的权益。在被告人与被害人同是未成年人的刑事案件中，双向保护原则对于罪错未成年人与未成年被害人应当同等适用，当未成年人之间发生利益冲突时，促使利益最大化的做法应当是寻求双方利益的平衡，不能为了保护一方利益而忽视另一方。

对罪错未成年人进行教育矫正使其回归社会，同时保护其作为犯罪嫌疑人、被告人所应有的权利；对未成年被害人进行帮扶救助使其摆脱阴影，同时保证其作为被害人享有的特殊权利，这二者都是在严格遵循法律，实现程序正义。

至于如何实现双方利益的平衡，实践中可以适用修复性司法模式加强对未成年被害人的保护。修复性司法目前没有普遍认可的定义，一般是指通过促使加害人与被害人之间修复原本的人际关系，修补恶害带来的影响，进而最大程度地保护双方的权利。修复性司法在实践过程中，最优先之目标是提升被害人的地位，后才需顾及加害人的处遇，在修复社会关系时，更注重促使加害人自觉承担责任而非单方面由国家科以刑罚。由此可见，实行修复性司法，引导、鼓励未成年加害人承担责任并去修复对被害人造成的伤害，有利于未成年人加害人与被害人双方更顺利地改过自新、回归社会，也符合未成年人双向保护原则的内涵。

（三）加强司法保护与社会保护的衔接

双向保护原则的立意就在于为未成年人最大限度地提供司法保护，而该原则在实践中遇到的大多数问题的起因则在于社会保护不够完善，可见司法保护需要在办案前后各个过程中加强与社会保护的衔接。具体而言，首先，司法机关需要牵头工作去整合家庭、学校各方面社会力量，积极地进行监督、评估、问责，结合案件进行跟踪回访、普法教育等大量案外工作，积极实现其监护责任；其次，司法机关要努力提升自身专业化水平，可以覆盖设置专门的少年司法机构，如少年警务机构、少年监察机构、少年审判机构等，配备专业的少年司法人员，提升这些机构与人员的专业处理能力；再次，司法机关在进行未成年人保护工作时，需要注重区域之间相互协调，从生产生活对象所处区域内社会规则性要素的关联构建，实现区域内的保护体系构建，进而增强社会保护能力；最后，司法机关可以激励社会组织和机构自我提升，逐步向市场化的运作模式发展，形成良性竞争的市场环境，鼓励更多社会力量参与。

四、结语

未成年人双向保护原则的内涵在于寻求未成年人权益与社会利益之间的平衡。在未成年人犯罪发生率不断低龄化、暴力化的当前社会背景下，双向保护原则的贯彻落实具有重要意义。实践中，双向保护原则面临着诸多问题，需要打破自身现有的困境，找寻新的完善路径。少年司法工作中，落实双向保护需要实现对罪错未成年人权利保护与惩戒教育之间的平衡，注重对未成年被害人的保护并做好司法保护与社会保护之间的衔接。让司法的光，既要照到未成年人加害人身上，也要照到未成年被害人身上，推动我国法治体系的进一步完善。

【改革探索】

论“天宁模式”的强大生命力

卢路生*

1991 年 8 月 22 日，在中国少年司法制度发展历史上是个值得纪念的日子，江苏省常州市天宁区人民法院（以下简称天宁法院）少年案件审判庭在这一天宣告成立，从而开创了我国少年司法对未成年人由单纯的刑事保护转为全面司法保护的先河。这一创举具有划时代的意义，不仅标志着我国少年司法制度从此进入了新的发展阶段，而且也大大缩短了我国少年司法同世界发达国家在这方面的差距，为最大限度地发挥司法手段在调整少年社会生活、保护少年健康成长中的作用，提供了可靠保证。

以往的少年法庭抑或少年刑事审判庭，都只单单负责处理少年触犯刑律、构成犯罪的案件，而对于少年违法和少年合法权益的保护等案件，则未能有效地进行司法干预，使得少年司法形成了一块“真空地带”，既不利于法治的完备，也不利于司法保护未成年人的健康成长，且与改革开放的新形势下，广大少年面临复杂的社会现实，需要全面司法保护的时代要求不相适应。天宁法院怀着为完善我国少年司法制度作出新贡献的强烈使命感，“闯”字当头，敢为天下先，在全国率先建立了综合性少年审判庭，全面受理少年犯罪、少年违法和少年保护等案件，将过去受

* 作者单位：最高人民法院第四巡回法庭。

理案件根据主体行为的性质归属于不同的执法部门（刑事、民事、行政等）的分类方式，改变成为按照主体自身的特殊性来分类，即把未成年人看作特定的诉讼主体，为其设立专门的执法部门，更加体现了国家对未成年人给予特殊保护的宪法原则。这样，既继承了少年法庭的成功经验，又弥补了少年法庭受案范围单一、机构不稳定的缺陷，逐步发展和完善了我国的少年司法制度，形成了“天宁模式”。中国青少年犯罪研究学会称“这在我国少年审判制度建设史上具有开拓意义”，最高人民法院称其是“继 1984 年上海市长宁区法院少年审判工作改革后的又一个新尝试”。

天宁法院建立综合性审判庭的改革实践启发和鼓舞了省内外兄弟法院，南京市下关区、鼓楼区、无锡市北塘区及上海市、福建省、河南省的一些基层法院纷纷效法，也都很快建立起了综合性的少年审判机构。还有许多法院前往天宁取经，一但条件成熟，即可建庭。可以预言，“天宁模式”将作为中国少年司法体制改革的“标准件”得以推广，并在推广的过程中实现自我完善。

“天宁模式”何以具有如此强大的生命力呢？

一、“天宁模式”的出现具有历史的必然性

“天宁模式”是我国少年司法制度发展到一定阶段的必然产物。我国少年司法的雏形起源于 1984 年年底上海市长宁区人民法院创设的少年犯罪案件合议庭（少年法庭）。在此之前，尽管我国《刑法》《刑事诉讼法》中有关于未成年人犯罪案件特殊对待的规定，却无相应的组织机构来保证执行，因而使得法律的规定和法律的执行不相协调，许多司法人员没有树立对未成年人案件特殊保护的意识，办理未成年人案件同办理成年人案件没有区别，导致了未成年人没有能够真正享受法律上的特殊待遇和司法公正。上海市长宁区人民法院针对少年犯罪增多及少年犯自身的许多特点，在刑事审判庭 5 个合议庭中选择 1 个合议庭专审少年犯罪案件，由 1 名具有办案经验、了解少年理、心理特点、热心教育挽救失

足少年工作的审判人员和 2 名人民陪审员共同组成少年犯案件合议庭，采取了一系列有别于审理成年犯的做法，开庭前注重了解少年犯的生长环境及导致犯罪的主客观原因，庭审中注重启发疏导，使其认错悔罪，判决后做好帮教考察，巩固庭审效果。这种寓教于审的办案方式，受到了少年犯家长及社会各界的好评，大大减少了未成年犯的重新犯罪，同时也形成了我国少年司法的雏形。1988 年 5 月，最高人民法院在上海召开会议（以下简称“上海会议”），推广了长宁经验。此后，少年法庭工作在全国法院系统蓬蓬勃勃地开展起来，并影响和带动了政法其他机关，共同参与、配合做好对失足少年的教育、矫治工作，形成了公安、检察院、法院、司法机关办理未成年人犯罪案件一条龙配套的工作体系。许多法院在长宁经验的基础上又有所发展，建立起了独立的审判机构——少年刑事审判庭，专门办理未成年人犯罪案件。1990 年 10 月，最高人民法院在南京召开会议（以下简称“南京会议”），充分肯定了“上海会议”后各地少年法庭工作的新发展及取得的新经验，提出要把少年法庭工作推向新的阶段。“南京会议”后不久，最高人民法院就下发了《关于办理少年刑事案件的若干规定（试行）》及同最高人民检察院、公安部、司法部联合会签的《关于办理少年刑事案件建立互相配套工作体系的通知》，进一步规范了各地少年法庭工作，促进了这项工作沿着健康的方向发展。

随着少年法庭工作有声有色地开展，社会各界对依靠立法和司法手段保障青少年健康成长的呼声日益强烈。许多省、市制定颁布了地方性的青少年保护条例，全国性的未成年人保护法的立法进程也大大加快，有关青少年事务从此纳入法治轨道。作为执法机关的人民法院理应适应国家这种调控手段的转变，加强对未成年人的全面司法保护，使国家和地方的青少年法规落到实处。天宁法院率先建立起综合性的少年案件审判庭，履行未成年人保护法规定的司法保护职能，是形势的需要，是我国少年司法进程由“少年法庭→少年刑事审判庭→少年案件审判庭”的自然发展，具有少年司法发展的历史必然性。

二、“天宁模式”所发挥的作用具有不可替代性

“天宁模式”的矫治、预防和保护功能是任何其他机构无法比拟的。《未成年人保护法》和《预防未成年人犯罪法》的颁布，标志着未成年人事务逐步法治化。国家已从行政立法、民事立法、刑事立法等各个不同的方面具体明确地规定了对少年各项权利的保护。作为人民法院应当建立起相应的组织机构，承担起执法任务，而原来的少年法庭或少年刑事审判庭，由于管辖的范围过窄，无力承担起全面司法保护的职责。据统计表明，在未成年人犯罪率降低的同时，少年违法及侵害未成年人合法权益的问题却日益突出起来。由于这两类案件过去一直分由不同的执法部门处理，缺乏应有的配套、制约措施，在办案质量和效果上难免存在一些问题。建立少年案件审判庭，将少年犯罪、少年违法和少年保护等各类案件统一归口由一个专门的机构进行审理，既可以根据各类未成年人案件的内在联系，依法保护其合法权益、身心健康，制裁其违法犯罪行为，又能区别不同对象分别做好帮助、引导、教育、惩治、挽救等工作。同时，还分担了其他业务庭的案件，减轻了其他业务庭的压力，有利于全面提高办案质量。应该说，高质量地审理好少年保护案件，是对少年违法的预防；审理好少年违法案件，是对少年犯罪的预防；把违法犯罪的失足少年教育挽救过来，又可防止其影响和腐蚀其他未成年人。这种全方位、多层次的预防，涉及不同特点的对象，且与审判工作紧密结合，只有建立综合性的少年审判机构，才能胜任这项任务。

人民法院的少年案件审判庭，通过行使审判权和最终裁决权，全方位地调整青少年事务，在保护青少年健康成长方面，相对于其他各社会职能部门来说，更具有执法上的权威性和有效性。一方面，通过刑事审判，对触犯刑律构成犯罪或虽未构成犯罪，但已严重违法的少年进行惩罚和挽救，使其改恶从善，重做新人；另一方面，通过民事审判，依法维护未成年人的各项民事权益和人格尊严，保障未成年人在社会主义大家庭中健康成长。这种对少年违法犯罪进行预防的特殊功能和对少年合

法权益的特殊保护职能，是任何一个其他组织和职能部门所不能替代的。

三、“天宁模式”的推广具有现实可行性

一项社会需要的好的发明创造，如能得到推广，它所产生的社会效益将是无限的，“天宁模式”的强大生命力还来自于它易于推广、易于实践。其一，少年法庭和少年刑事审判庭的理论与实践，已经在教育、挽救失足少年，预防、减少未成年人犯罪方面积累了比较成熟的经验；其二，近些年来，建立和完善我国少年司法制度的呼声日益强烈，人们迫切希望审判机关在保护未成年人健康成长方面发挥更大的主导作用；其三，《民法典》《未成年人保护法》《预防未成年人犯罪法》《家庭教育促进法》及地方制定的青少年保护条例等一系列法规陆续出台，为人民法院履行司法保护职能提供了法律依据；其四，少年犯罪毕竟是少年群体中的一小部分，更多出现的是少年违法、少年权益保护的现象，加之，《未成年人保护法》等一系列涉及未成年人权益保护法律的实施，新类型的案件将会大量增多，上述丰富的案源为少年案件审判庭发挥优势提供了广阔的空间；其五，目前各级人民法院已普遍设立了少年法庭，并且特邀了一批人民陪审员，如能再从民事、行政审判庭调配一些审判人员，即可实现机构的“转轨”。问题的关键是各级人民法院要从全面履行司法保护的职责和完善我国少年司法制度的高度，认识建立综合性审判机构的必要性和重要性。可以说，建立少年案件审判庭是提高办案质量和办案效率的最佳途径。

四、“天宁模式”的建立具有方向性

“天宁模式”为我国少年司法制度的建立和完善提供了思路。一方面，“天宁模式”符合世界少年司法制度的发展方向。目前，世界各国实行的少年司法模式大致可分为两类：一类是“窄幅型”即只管辖犯罪和违法行为；另一类是“宽幅型”，除管辖犯罪行为外，还管辖少年实施的

所有违法行为以及所谓“少年不良行为”和少年保护案件。世界上大多数国家都采取宽幅型，这是由于少年问题的特殊性决定的。因为，如果少年司法管辖的范围等同于普通刑事司法（只是年龄上有所区别），则实际上失去了少年司法制度独立存在的价值。“天宁模式”由于扩大了管辖范围，综合运用刑事、民事、行政等多种审判职能，对少年进行保护，就缩短了我国同世界主要国家的少年司法差距，有利于实现“司法公正”和“司法最终解决”的原则。另一方面，“天宁模式”奠定了我国少年司法制度的总体走向。由于我国的少年司法制度起步较晚，目前尚未形成既定的模式，对于中国少年司法制度的发展方向，也是众说纷纭。“天宁模式”为我们提供了新的思路。中国的少年司法制度将会沿着“宽幅型”方向发展。随着人民法院在少年司法制度中的核心地位和主导作用的被确认，少年法院将会在“天宁模式”的基础上建立，少年行刑场所（如少管所等）将收归法院管理，有关少年的各项立法将会不断完善。可以预言，“天宁模式”将对我国现行的司法体制产生巨大的冲击波，少年司法制度因注入了“天宁模式”而更具有中国特色。

少年司法制度是人类文明发展的产物，其在预防、治理青少年犯罪和保障其健康成长方面所起的作用，已经在世界范围内得到了承认。由于历史的原因，我国少年司法制度发育迟缓，且很不完善。青少年犯罪的规律性和青少年问题的特殊性，决定了司法制度的改革和完善将是一个长期的过程，在这方面，我国的少年司法工作者肩负着继往开来的重任。天宁法院首创少年案件审判庭，大大发展了少年法庭和少年刑事审判庭，使我国的少年司法制度向前迈进了一大步。继续大胆探索和深化少年审判工作，是少年案件审判庭的当务之急。

（一）坚持“相称原则”

所谓“相称原则”，是在决定对少年犯采取什么处遇时，既要坚持有利于对青少年的健康培养，又要注意对青少年所采取处遇的惩罚程度与其违法犯罪行为相适应。少年司法制度的重要内容之一就是尽量减少一般的司法制度对少年儿童的干预以及由于这种司法干预所带来的不利。而对于已经进行司法干预的少年的处理，既要实现刑事政策的目的，又要实现社会政策的目的。坚持“相称原则”是对几十年来少年司法实践经验和教训加以总结的结果，可以避免所谓“双重目的”的矛盾，即保护社会利益惩戒犯罪和保护少年利益使其健康成长的矛盾。少年案件审判庭在办理少年犯罪案件时，要特别注意力争挽救少年和保护社会利益的最佳效果。

（二）适当扩大管辖范围

少年司法和普通刑事司法的最大区别在于前者的管辖范围大于后者。由于少年司法制度在本质上是预防性的和保护性的，因此，扩大管辖范围不等于扩大打击面，而且也只有扩大管辖范围，才能体现其预防作用和保护职能。少年案件审判庭应在借鉴国外少年司法制度成功经验的基础上，结合我国的实际，从有利于少年健康成长的目的出发，适当扩大案件管辖范围，在办理少年犯罪和少年保护案件的基础上，积极创造条件，试办少年违法案件，使“司法最终解决”原则贯彻于所有少年案件中。

（三）坚持处遇的多样化、社会化

针对青少年犯罪的特殊性，在决定对少年犯采取什么处遇时，应当注意矫治方式的社会性和灵活性，尽量采取开放式和半开放式的矫治方法，尽量使被矫治的少年不脱离社会。对于判处实刑的少年犯，应与成年犯分管分押。要大胆探索切合实际的新的刑罚方式，包括不定期刑和缓刑保证金制度等，为将来立法积累实践经验。

（四）继续搞好“政法机关一条龙”配套和社会各界配合工作，真正使少年保护工作社会化

这也是建立具有中国特色的少年司法制度所必需的。社会的广泛参

与和政法机关的专业化办案相结合，是我国少年司法制度的生命力所在。要通过各种途径和渠道广泛宣传少年案件审判庭的工作职能、工作方法和工作成效，求得人民群众的理解和支持。完全有理由相信，有少年司法工作者的不懈努力和探索，有广大人民群众的理解和支持，有社会各界的广泛参与，我国的少年司法一定会在不远的将来再上新台阶，再做新贡献。

新时代未成年人刑事审判工作

——山西省近年来未成年人刑事审判数据的总结与分析

秦吉军　赵　聪*

未成年人是国家的未来、民族的希望。未成年人的健康成长，关系到家庭幸福安宁，关系到社会和谐稳定，关系到民族兴旺发达。修订后的《未成年人保护法》《预防未成年人犯罪法》已于 2021 年 6 月 1 日正式施行，两部法律的修订和施行有利于贯彻尊重和保障人权的宪法原则，更好地维护未成年人的合法权益，有利于促进未成年人健康成长，有利于构建社会主义和谐社会。当前未成年人犯罪已成为社会综合治理重点考虑的问题，未成年人刑事审判也成为未成年人社会管控的重要环节和必要的社会防卫手段。

近五年来，山西省各级法院严格遵循《刑事诉讼法》规定的未成年人特别程序，在尊重未成年人成长基本规律的基础上，积极创新未成年人刑事审判工作机制，加强未成年人审判机构建设新路径，充实培养未成年人刑事审判专门人才，促进未成年人刑事司法程序进一步健全和完善，有效推进了未成年人刑事审判工作的科学化、专业化、现代化。2020 年，面对突如其来的新冠疫情，山西省高级人民法院主动作为，指导山西法院把握政策、审查证据、救助保护、帮教矫治等未成年人刑事

* 作者单位：山西省高级人民法院。

审判工作。在未来五年，我们将在习近平法治思想的指引下，落实好《未成年人保护法》《预防未成年人犯罪法》的新要求，在积极推进综合审判改革的基础上，继续充分发挥刑事审判职能，大力推动未成年人保护事业发展。

一、未成年人刑事审判工作的指导思想和基本理念

（一）未成年人刑事审判工作的指导思想

当前，未成年人的成长环境出现新的特点，以习近平同志为核心的党中央更加重视未成年人的健康成长，强调要加强青少年法治教育，不断提升全体公民法治意识和法治素养，依法保护少年儿童权益。

新时代未成年人刑事审判工作以习近平法治思想为指导，深度融入社会主义核心价值观，在深化综合审判改革，完善少年法庭建设，加强审判管理和协作配合的基础上，强化全面综合司法保护，进一步推动未成年人审判工作实现新发展。未成年人刑事审判工作要认真贯彻和落实如下指导思想。

一是全面落实《最高人民法院关于加强新时代未成年人审判工作的意见》，加强审判组织建设，实现审判专业化、队伍职业化，建立符合未成年人审判工作特点的考核机制，开创未成年人审判工作新局面。

二是认真学习《未成年人保护法》《预防未成年人犯罪法》，加强与其他政法部门的协作配合，努力遏制性侵未成年人犯罪上升势头，积极开展未成年人犯罪预防、法治宣传和警示教育，增强青少年法治观念，预防校园暴力犯罪，为未成年人健康成长提供法治保障。

三是站在构建和谐社会、促进国家治理体系和治理能力现代化的高度，坚决依法打击性质情节恶劣、手段残忍、后果严重的未成年人暴力犯罪，惩戒和教育挽救涉罪未成年人。积极推进“社会一条龙”“政法一条龙”未成年人审判社会支持体系，大力健全救助未成年被害人的保障机制，形成有效预防未成年人违法犯罪、保障未成年人合法权益的工作

合力，为未成年人健康成长、社会和谐稳定提供优质司法保障。

（二）未成年人刑事审判工作的基本理念

未成年人刑事审判工作要贯彻以下基本理念。

一是探索建立符合未成年人心理特点、符合未成年人成长规律、符合未成年人特殊保护规则的审判方式。未成年人审判工作既审理以未成年人为被告人的刑事案件，也审理侵害未成年人权益的犯罪案件，这就要求未成年人审判工作要在分析总结涉未成年人案件规律特点基础上继续探索符合未成年人的审判方式，逐步建立健全未成年人司法指标统计机制，为改进和提升司法效能提供有力支撑。同时，要认真落实中央政法工作会议精神，配备专门的员额法官和司法辅助人员，从共青团、妇联、关工委、工会、学校等组织的工作人员中依法选任人民陪审员，加强未成年人审判队伍专业化、规范化、社会化建设，打造党和人民信得过、靠得住、能放心的未成年人审判队伍。

二是贯彻落实宽严相济刑事政策，准确理解未成年人刑事政策和少年司法理念，坚持特殊保护而不过度保护。未成年人刑事审判的司法理念和司法政策有别于成年人的刑事审判，既不可一概“小儿酌减”，也不可“保护过度”，要针对未成年人刑事审判的特点规律，准确把握司法理念和裁判规则，坚持依法特殊保护而不是过度保护的原则。最高人民法院审判委员会委员、研究室负责人在《最高人民法院关于加强新时代未成年人审判工作的意见》发布会上强调，针对近年来杀害、性侵、虐待未成年人，校园欺凌以及利用网络实施的严重侵害未成年人合法权益的犯罪行为，人民法院坚决依法打击，对挑战法律和社会伦理底线、性质恶劣的重大犯罪，该判处重刑乃至死刑的坚决依法判处，决不姑息。在未成年人刑事审判过程中严格执行《刑事诉讼法》规定指定辩护制度、社会调查报告制度、犯罪记录封存制度、合适成年人参与诉讼制度等未成年人的特别保护规定；坚持双向保护，创新未成年被害人作证方式，积极开展未成年证人分离保护；坚持全面保护，对未成年当事人进行刑事、民事、行政的全方位保护，全面充分地保护未成年人的合法权益，让所有涉诉未成年人均能感受到司法的人文关怀，努力将未成年人保护成为我国司法人权保障的一大亮点。

三是立足于教育感化和延伸帮教，着眼于特殊预防特别是减少再犯。未成年人刑事审判始终坚持“教育、感化、挽救”的方针，贯彻“教育为主、惩罚为辅”的理念，将“寓教于审”贯彻于审判各环节，最大限度地提出社区矫正建议，目的就是要教育感化触犯刑法的未成年人，力争通过教育、矫治，使未成年被告人真正悔罪服判并最终重返社会，修复社会关系，恢复社会秩序。未成年人刑事审判的重心不在审判阶段而在判后的延伸帮教阶段，延伸帮教工作是改善未成年人心理健康、成长环境的重要举措，法院与共青团、妇联、教育、司法等部门建立帮教机制，在经济救助、转学安置等方面对未成年人给予帮助；有针对性地开展心理辅导，帮助他们摆脱心理阴影，重新找回生活自信，最大限度地预防未成年人再次犯罪。

二、山西省近五年未成年人刑事审判概况

（一）未成年人犯罪案件审理概况

1. 案件总数及变动趋势

2016 年至 2020 年，山西省各级法院一审共受理并审结未成年人犯罪案件 2918 件，涉及未成年被告 4782 人。从图 1 各年度案件情况看，近五年山西省未成年人犯罪案件的数量和被告人数均呈总体下降趋势。

2. 对未成年犯罪人的刑罚适用情况

2016 年至 2020 年，对未成年被告人宣告缓刑 1334 人，占 27. 89%；判处管制 58 人，占 1. 21%；判处拘役 464 人，占 9. 7%；判处三年以上有期徒刑 754 人，占 15. 76%；单处罚金 193 人，占 4. 03%；免予刑事处罚 288 人，占 5. 39%；宣告无罪 4 人，占 0. 08%。判处非监禁刑共计 1585 人，非监禁刑适用率 33. 14%。

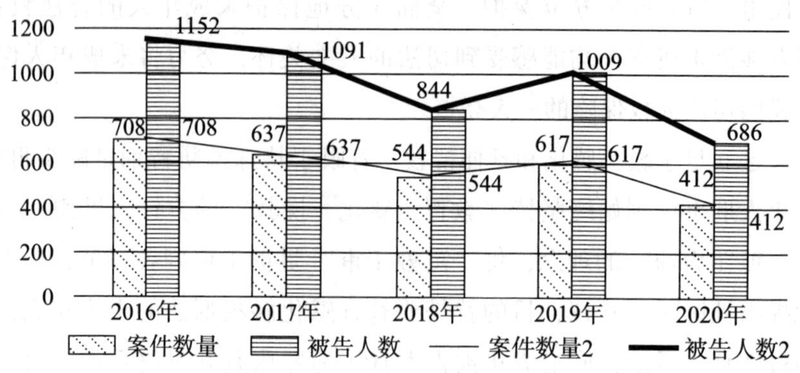

图 1 山西 2016—2020 年未成年人刑事犯罪案件情况

从对未成年犯罪人的处刑来看，非监禁刑的适用比例较高，符合对未成年人犯罪从宽处罚的法律规定和未成年人刑事案件刑罚总体上的轻缓化，但也存在全省范围对未成年犯的量刑不完全均衡，个别地区未成年犯适用非监禁刑尤其是缓刑比例偏高的问题。对此，应综合考察未成年犯罪人的主观恶性、犯罪的社会危害性、悔罪表现、再犯可能性决定对其从宽处罚的幅度及是否适用非监禁刑，而不是简单不加区分的一味从轻、一缓了之。

3. 未成年人犯罪案由分布情况

2016 年至 2020 年，在 2918 件未成年人犯罪案件中，盗窃罪 543 件，占 18.6%；抢劫罪 494 件，占 16.9%；故意伤害罪 423 件，占 14.5%；强奸罪 276 件，占 9.5%；寻衅滋事罪 260 件，占 8.9%。以上五个主要罪名的案件共 1996 件，占据未成年人犯罪案件总数的 68.4%绝对多数。

从未成年人犯罪的案由分布特点来看，集中于财产型犯罪和暴力型犯罪，犯罪的心理根源主要在于贪图钱财和崇尚暴力，这与涉罪未成年人群体的身心特点、文化程度、所处的家庭和社会环境有密切关系。

4. 犯罪主体方面的特点

根据 2016 年至 2020 年山西省涉罪未成年人犯罪情况分析，在未成年人主体方面的特点主要体现为以下三个方面：犯罪年龄集中、本地户籍和农村户籍居多、受教育水平普遍不高。

首先，犯罪主体的年龄较为集中，多为16岁和17岁的未成年人。数据统计显示：14岁的涉罪未成年人有189人（占总数的3.96%），15岁的涉罪未成年人有379人（占总数的7.92%），16岁的涉罪未成年人有1172人（占总数的23.35%），17岁的涉罪未成年人有1811人（占总数的37.87%），18岁的涉罪未成年人有529人（占总数的11.06%）。

其次，犯罪主体的地域差异也有明显的分隔。从城乡的角度来看，在4782名涉罪未成年人中，农村户口有3091人，占比64.63%。由以上数据可以看出，涉罪未成年人从总体来看农村户口比城镇户口偏多。

最后，犯罪主体的受教育程度普遍偏低。在4782名涉罪未成年中，小学学历的人数达905人，占总数的18.92%；初中学历（包括初中文化和初中肄业）的人数达2172人，占总数的45.42%；中专及技工学校毕业和肄业的620人，占总数的12.96%；高中学历（包括高中文化和高中肄业）的人数达685人，占总数的14.32%。

可见，近年来山西省未成年人犯罪呈现犯罪年龄趋于低龄化、文化程度较低、农村未成年人犯罪比率依然居高等特点。

5. 犯罪行为方面的特点

近五年来，未成年人犯罪中一人犯罪的案件共1236件，占案件总数的42.36%；二人共同犯罪的案件共513件，占案件总数的17.58%；二人以上共同犯罪的案件共1169件，占案件总数的40.06%；可见，未成年人二人及二人以上共同犯罪案件占比明显，主要原因系未成年人年龄相仿、趣味相投，容易相互影响，引发共同犯罪。

6. 上诉维持原判、改判方面的特点

2016年至2020年，在2918件未成年人犯罪案件中，2016年上诉维持原判85件，改判24件；2017年上诉维持原判86件，改判41件；2018年上诉维持原判91件，改判的26件；2019年上诉维持原判94件，改判33件；2020年上诉维持原判96件，改判22件。五年内上诉维持原判案件合计452件，改判案件合计146件，分别占案件总数的15.2%和5%。

（二）侵害未成年人刑事案件审理概况

1. 案件总体情况

2019年，山西法院审理侵害未成年人刑事案件85件；2020年审理侵害未成年人刑事案件105件。整体上看，该类案件处于逐年上升的趋势。

2. 涉案罪名情况

侵害未成年人刑事案件主要涉及强奸罪、强制猥亵罪、猥亵儿童罪、故意伤害罪、诈骗罪、交通肇事罪、寻衅滋事罪等；其中，性侵未成年人刑事案件（包括强奸罪、强制猥亵罪、猥亵儿童罪等）占侵害未成年人案件的67.3%。

3. 未成年被侵害人年龄情况

从未成年被害人的年龄来看，8周岁以下占14.73%，8—14周岁占74.75%，14周岁以上占10.52%。

4. 未成年被害人性别情况

从未成年被害人的性别来看，被侵害未成年女性占85.27%，占绝大多数。

5. 未成年被害人所在地域情况

从未成年被害人的地域来看，被侵害未成年人居住在农村、乡镇的占43.17%，居住在县城的占27.89%，居住在城市的占28.94%。

6. 熟人作案情况统计

在性侵未成年人刑事案件中熟人系该类案件的高发人群，据统计，2019—2020年熟人在性侵类作案中占比为66.7%。其中，学校及教育培训机构占比为8%，家庭成员占比为11%，邻居或同一居住地域的占比为23%，网友占比为14%。

综上，侵害未成年人的犯罪形势依然严峻，呈现出性侵类犯罪突出、未成年被害人低龄化、熟人作案的比例大概率高等特点。

三、未成年人犯罪与被害原因分析

（一）未成年人犯罪原因分析

1. 未成年人自身特点与犯罪

根据对山西省近五年未成年人犯罪的分析可知，未成年人犯罪的年龄主要集中在16—17周岁，这个年龄的未成年人正处于从青少年到成年人的过渡阶段，心智发展相对成熟，对自己的行为后果有一定的判断。但是，这个年龄阶段的未成年人还没有树立起正确的价值观，对于法律以及规则没有足够的敬畏心，加上青春期的好奇、冲动，容易出现违法行为。此外，未成年人的意志力相对较弱，如果没有正确引导，就会导致未成年人是非不分，在面对外界的诱惑时不能控制自己，走上违法犯罪的道路。

从山西法院系统近五年审理的未成年人犯罪占比较大的案件类型来看，盗窃罪、抢劫罪、故意伤害罪、强奸罪、寻衅滋事罪占比较大，占未成年人犯罪总数的68.4%。对于犯盗窃罪、抢劫罪的未成年人，多是出于对金钱的畸形追求，面对外界诱惑时缺乏辨别是非的能力和底线，从而走上违法犯罪的道路；对于犯强奸罪的未成年人，多是在社会不良信息冲击以及性教育缺乏的情况下，由于青春期的好奇、冲动造成的犯罪；对于犯故意伤害罪、寻衅滋事罪、聚众斗殴罪等暴力犯罪的未成年人，则多是由于未成年人的价值观错误，将勇敢理解为不顾一切、无所畏惧的行为，认为打抱不平、“讲哥们义气”就会被身边同学当作是英雄，从而违法。

2. 家庭环境与未成年人犯罪

家庭对未成年人的成长起着至关重要的作用，家庭环境和家庭教育是影响未成年人犯罪率的两个重要因素。

从近五年未成年人犯罪的情况分析可知，在不完整或者不和谐的家庭中，未成年人犯罪率较高。长期生活在压抑的家庭氛围中，或者由于系单亲家庭缺乏父母一方的关爱，导致未成年人正常的家庭教育缺失，容易结识社会不良人员，走上违法犯罪的道路。

溺爱型、专制型和放任型的家庭教育方式也是影响未成年人犯罪率的重要因素。溺爱型环境下，未成年人性格脆弱、个性自私，一旦遇到不良诱因或者挫折，很容易导致违法犯罪的极端行为；专制型父母对未成年人的控制力太强，未成年人容易形成完全顺从或极度叛逆的极端性格，导致违法犯罪行为的发生；放任型的父母，对孩子的成长采取放任态度，由于婚姻、经济等原因，无力或者无心教育孩子，不能及时发现孩子的错误行为和不正常心理活动，导致孩子误入歧途。

3. 校园环境与未成年人犯罪

学校是未成年人成长的主要环境，学校的教育问题以及普遍存在的校园霸凌现象是未成年人犯罪的主要因素。

在学校教育方面，由于升学压力大，学校更加注重文化课的教育，而在法治教育、心理教育等环节较为薄弱，学生的厌学情绪如果得不到有效疏导，容易自暴自弃，甚至走向违法犯罪道路。此外，校园霸凌现象仍然普遍存在，校园霸凌除了本身可能造成犯罪，还可能激发被欺凌学生的反抗和报复，造成违法犯罪行为，未成年人寻衅滋事罪、聚众斗殴罪、故意伤害罪等高发。

4. 网络环境与未成年人犯罪

网络信息良莠不齐，许多影视作品、网络游戏充斥着暴力、血腥、色情元素，辨别能力弱的未成年人容易受到影响，使他们的行为出现偏差，实施强奸等暴力犯罪。网络上不好的信息还会对未成年人正在形成的人生观和价值观造成不良影响，扭曲未成年人价值观，或让他们愤世嫉俗，希望挑战法律，或传达错误的金钱观，诱导青少年犯罪，尤其是财产类犯罪。

（二）未成年人被害原因分析

1. 未成年人本身处于弱势地位

未成年人被害类型主要有性侵类被害人、被拐卖类被害人、被虐待类被害人三类，这三类被害类型反映出未成年人心理和生理上的弱势地位使其更易遭受侵害。

首先，对于性侵类被害人，未成年人在生理上处于弱势地位，在遭遇性侵犯罪时，通常无法抵抗侵犯；在心理上，未成年人的自我保护意识弱，我国在生理教育尤其是性观念上缺少合理的引导，未成年人对性侵害的预防能力不够，常出现熟人性侵未成年人的案件。其次，在拐卖未成年人类犯罪案件中，未成年人缺乏社会经验，容易受犯罪分子的诱骗。最后，包括家庭成员虐待和学校教师虐待的虐待未成年人类犯罪中，未成年人很难寻求到救助，也缺乏反抗的能力，特别是处于学前年龄的幼童，更容易受到虐待类侵害。

2. 未成年人家庭内部存在问题

根据有关调查统计，未成年人被害现象在“家庭功能失常、家庭成员之间沟通不良、缺乏情感上的亲密感和适应性，与外界接触少，与社会高度疏离”等类型家庭中更容易发生。在这种家庭中成长的孩子缺乏父母关爱，极易受到外界不良因素的侵害和影响。例如，留守儿童由于长期缺乏父母关爱，与父母缺乏沟通，在心理上常有自卑、孤独、焦虑的感觉，因而可能出现生活相对封闭，缺乏保护意识，从而寻求社会上非正常的刺激和存在感，更易招致被害。

3. 学校监管存在漏洞

学校是未成年人成长的第二个重要的场所，学校保护和监管的缺失是未成年人成为被害人的主要原因。第一，学校对安全教育流于形式，学生的自我保护意识和能力较弱；第二，学校对未成年人保护的监管不力，学前班、幼儿园、托儿所等低龄学校中教师虐待未成年人的现象偶有发生；第三，校园霸凌问题由于学校存在监管盲区和监管不力，一直难以彻底解决，造成未成年人被侵害。

4. 社会管理存在疏漏

未成年人被害与其生活的社会环境也有着密切的关系，特别是学校区域的社会治安管理尤为重要。目前，个别中小学校的社会治安管理存在着一定的漏洞，特别是校园周边区域，未成年人被侵害的概率比较高。在网吧、酒吧等一些不允许未成年人进入的娱乐公共场所，缺少有效监管，使得其成为一些逃学或者辍学的未成年人经常活动的场所，他们在这些地方浏览网上的不健康内容，结识一些社会上的不良人员，甚至会接触黄、赌、毒等社会丑恶现象，很容易成为犯罪分子侵害的对象。

四、预防未成年人犯罪与被害的建议

（一）预防未成年人犯罪的建议

1. 加强对未成年人的心理健康教育

对未成年人心理健康的辅导是预防未成年人犯罪的重要内容，学校要担负起未成年人心理健康教育的重任。开设心理课程并注重心理课程的实效。学校要定期给学生做心理方面的调查，鼓励学生对遇到的问题找心理老师沟通，老师要及时发现和观察未成年人的心理状态，从源头上预防未成年人犯罪。政府可以向学校派驻专业的心理咨询师，由专业人员对未成年人进行心理健康教育、心理健康评测和疏导。特别是对那些已经出现过轻微违法或者校园霸凌问题被学校处罚过的未成年人，学校要重点关注，帮助未成年人树立正确的价值观，避免重蹈覆辙甚至走向犯罪或者因为被侵害的经历而影响正常的生活和成长。

2. 加强网络管理，净化未成年人成长环境

网络作为未成年人获取不良信息的最主要来源，必须采取有效举措，防止未成年人受到不良网络信息的影响。首先，国家相关机构要进一步筛查网络上的不良信息，对不良信息进行屏蔽或者处理。其次，对于网络上不适合未成年人观看的信息，要加强家长对未成年人的监督，还要

加强学校和周边安全防范工作，开展学校及周边治安问题摸排整治行动，净化未成年人成长环境。最后，学校要开展鼓励学生远离网瘾、健康上网的宣传教育活动和法治讲座，使学生认清网瘾的危害，正确使用网络，做到健康上网和绿色上网。

3. 加强学校、家庭、社会联动合作

未成年人犯罪是各种因素综合造成的，家庭、学校、政府和社会要有机结合起来，组成一个多方合作的保护圈。学校要加强对未成年人的道德教育和素质教育，提高未成年人的法治意识和安全意识。未成年人父母要学习正确的教育方法，营造健康的家庭环境。社会各界要加强对未成年人的关注和保护，为未成年人打造健康、和谐、安全的成长环境。

（二）预防未成年人被害的建议

1. 提高未成年人安全防范意识

提高未成年人的安全防范意识是预防未成年人遭受侵害最根本的方法。学校、家庭和政府要进一步加强未成年人防性侵、防家暴、防拐卖、防电信诈骗等各种宣传教育，提高未成年人的安全防范意识和分辨危险的能力，着重培养未成年人的自救能力。此外，要提升未成年人被侵害后的合理处置理念和能力，受到侵害后要及时寻求法律帮助，避免再次被害。

2. 建立健全学校监管制度

为了防止出现未成年人在学校被侵害，学校应当健全学校监管制度，预防未成年人被害的情况发生。首先，要加大对教师的监管力度，在教师的选择和录用过程中，应当对教师进行专业化的测评，选择录用心理健康、道德水准较高、法律知识较完备的教师。对于已经录用的教师，学校要加强对教师的法治教育，提高教师的法律意识和对未成年人的保护意识。其次，学校要不断健全监管基础设施，对学校进行全方位的监督，在避免学校成为校园暴力泛滥的场所的同时，保护未成年人在学校的安全。在校园外围也要做好监管，营造良好的校园周边环境，减少未成年人与不良社会人员交往的机会，保障学生人身安全。

3. 加强社会环境综合治理

政府要加强对社会环境的综合治理，为未成年人营造安全的成长环境。一是加强对学校周边环境的治理，对学校周边不利于未成年人健康成长的，带有色情、赌博、暴力的场所、设施坚决取缔，对学校周边进行规划和建设，在方便未成年人生活、学习的同时保障学校周边区域的安全和稳定。二是净化网络环境，为未成年人营造一个健康的网络环境，加大对网络诈骗的监管，减少未成年人被害的风险。三是加强未成年人娱乐设施的建设，丰富未成年人的课余生活，防止未成年人沉迷网络游戏。保护未成年人是家庭、学校、社会共同的责任，各方要互相配合，更好地保护未成年人。

五、创新工作机制，提升未成年人刑事审判水平

数据服务审判，数据促进审判。以上对近五年来未成年人刑事审判数据的梳理、分析，反思，以期更好地为未成年人刑事审判服务，进一步改进和创新审判模式和审判水平，在数据支持和引领下充分未成年人刑事审判职能，大力推动未成年人审判事业的发展。结合实际，现对山西法院未成年人刑事审判工作，提出以下建议。

（一）加强组织领导、逐步健全未成年人刑事审判机制

2021 年 1 月 20 日，最高人民法院发布《最高人民法院关于加强新时代未成年人审判工作的意见》（以下简称《意见》），《意见》第 13 条指出："最高人民法院建立未成年人审判领导工作机制，加大对全国法院未成年人审判工作的组织领导、统筹协调、调查研究、业务指导。高级人民法院相应设立未成年人审判领导工作机制，中级人民法院和有条件的基层人民法院可以根据情况和需要，设立未成年人审判领导工作机制。"《意见》第 15 条指出，要"探索通过对部分城区人民法庭改造或者加挂牌子的方式设立少年法庭，审理涉及未成年人的刑事、民事、行政案件，

开展延伸帮教、法治宣传等工作”。因此，为了提升少年审判专业化能力和水平，山西法院要在横向和纵向两个角度进行规划和完善。

在横向上，设立专业的未成年人审判庭，建立符合未成年人心理特点、成长规律、特殊保护规则的审判方式。首先，少年法庭要充实一批专业化素养较高的办案人员，通过加强职业技能培训，不断提高专业审判能力、积累审判经验。其次，要逐步规范全省各地法院审判组织模式。现在有的地方设立的是青少年刑事案件审判庭，有的地方设立的是未成年人案件综合审判庭，要进一步规范审判组织模式，提升未成年人审判专业化能力和水平，探寻和创新适合未成年人的审判模式和方法。

在纵向上，建立起自上而下的未成年人审判领导工作机制和统一的少年审判组织体系，充分发挥上级法院的指导监督功能，使得上下级法院之间的工作能够更加有效的衔接，整个未成年人审判系统能够保持一致，避免因审判组织不同而造成裁判结果区域性失衡。

（二）整合社会资源，深入开展未成年人犯罪预防和矫正

法院作为司法机关，负责未成年人的审判工作，但未成年人审判除了法庭审理以外，审前的调查和审后的安置教育都是非常重要的环节。法院要主动与社会力量进行互动，通过多方统筹协助，综合运用政策、教育等各种方式辅助审判工作的进行。

山西法院始终积极探索未成年人审判的多元化解纠纷机制，整合社区、学校等社会力量，对于较轻微的案件要在案前寻求调解，结案后跟踪回访并进行帮扶教育。此外，组织专业的志愿者队伍，参与支持未成年人刑事司法，在法院主持下，整合学校、社会团体、政府等各方面资源，招募法律工作者、心理专家、社会组织、团委等社会资源，组建一支具有能力和责任心的专业志愿者队伍参与审判工作，妥善处理未成年人审前、审后一系列问题，形成齐抓共管的良性工作局面。除整合社会资源外，继续加强部门之间的联动合作，包括公安、检察院、法院、司法机关之间的联动，信息及时互通，利用人工智能、大数据等技术信息

资源共享，不断提高司法效率，节约社会资源，提高未成年人审判工作的科学化。

（三）创新司法实践，探索构建新型制度和审判方式

山西法院要不断创新未成年人刑事审判司法实践，探索建立符合未成年人特点的审判制度和审判方式。具体要从以下几方面着手。

一是完善庭前社会调查制度，通过采取法官自行调查、委托所在地司法行政机关等主体部门调查相结合的方式落实庭前社会调查，详细了解未成年被告人的家庭情况、成长环境和犯罪的主客观原因等，在社会调查的基础上进行心理辅导、制订帮教计划，使法庭教育和跟踪帮教有的放矢。

二是进一步推广圆桌审判方式，消除未成年被告人的恐惧和抵触心理，促使其认罪伏法，顺利接受教育改造，提高审判质量。

三是落实合适成年人制度，创新“代理家长”机制。根据《刑事诉讼法》规定，在开庭审理未成年被告人时法定代理人不能或不宜到场的，可以通知未成年被告人的其他成年亲属或有关组织的代表到场。山西法院要探索建立落实“代理家长”机制，制定具体实施办法，弥补特定情况未成年被告人诉讼权利保障不足的薄弱环节，进一步体现司法人文关怀，提高帮教效果，提升司法公信力。

四是通过适用简易程序提高未成年人刑事案件审判效率，减少刑事审判对未成年人心理上和生理上造成的伤害。未成年人案件简易程序的适用要在被告人认罪或者案件事实清楚、证据确实充分的基础上适用，法律援助辩护、社会人格调查、法庭教育等环节不能简化，以充分保障未成年人案件审判的公正性。

五是创新开展和解调处方式。在未成年人刑事案件中贯彻“宽严相济”的刑事政策，创新开展和解调处方式，积极稳妥地化解社会矛盾。特别是在未成年人刑事附带民事诉讼案件中，通过督促未成年被告人及其法定代理人积极赔偿被害人的损失，促成双方达成和解，使未成年被

告人在履行赔偿义务的过程中受到教育，在认罪认罚的同时从宽处罚，较好地化解社会矛盾，保持社会和谐稳定。

六、结语

未成年人刑事犯罪是社会关注的重点，人民法院要担负起预防未成年人犯罪的职责。山西省各级人民法院将持续关注未成年人犯罪的发展趋势，深入研究未成年人刑事案件的新特点，及时掌握未成年人身心状况的变化动态，坚持在未成年人刑事审判职能延伸的广度、深度和力度上下功夫，不断拓展审判视角、更新审判理念、释放审判智慧，以持之不懈的努力预防未成年人犯罪，从严惩处侵害未成年人合法权益的犯罪，切实保障未成年被害人的合法权益，为未成年人的健康成长创造良好的司法环境。

猥亵儿童犯罪审判实践中的一些思考

陈文馨*

近年来，王某华、鲍某明等猥亵儿童犯罪案件受到媒体和社会的广泛关注，也让猥亵儿童犯罪再次进入大家视野。而其实该类犯罪在审判实务中也呈现上升态势。2021 年 3 月实施的《刑法修正案（十一）》也对猥亵儿童罪作了大幅修改。“谁家无少年？谁不曾少年?”侵害儿童犯罪是社会亟待解决的问题，而随着社会的发展，犯罪形式多元化，危害程度和表现方式也不局限于单一形式，特别是猥亵儿童犯罪在审判实务中出现很多新的问题，应当如何应对，也给广大法官带来了新的挑战。

一、性侵犯罪近三年审判概况

（一）2018—2020 年性侵案件数量分布

1. 2018 年性侵案件数量（28 件）（见表 1、图 1）

表 1　2018 年性侵案件数量分析

序号	案由	数量（件）
1	强制猥亵、侮辱罪	1
2	猥亵儿童罪	6

* 作者单位：河南省安阳市中级人民法院。

（续表）

序号	案由	数量（件）
3	强奸罪	15
4	强迫卖淫罪	3
5	引诱、容留、介绍卖淫罪	2
6	组织卖淫罪	1

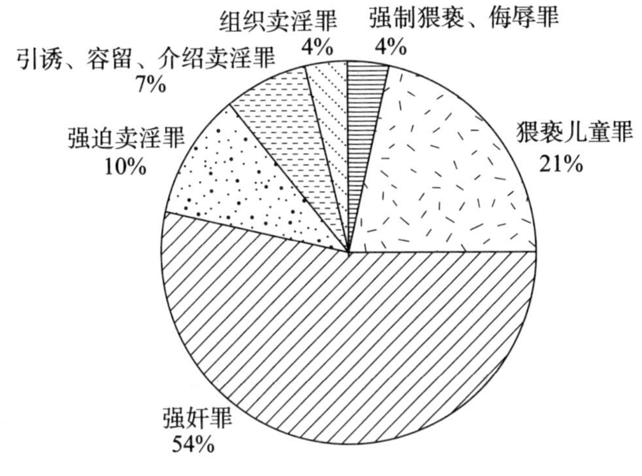

图1　2018年性侵案件分析

2. 2019年性侵案件数量（22件）（见表2、图2）

表2　2019年性侵案件数量分析

序号	案由	数量（件）
1	强制猥亵、侮辱罪	1
2	猥亵儿童罪	6
3	强奸罪	13
4	引诱、容留、介绍卖淫罪	1
5	组织卖淫罪	1

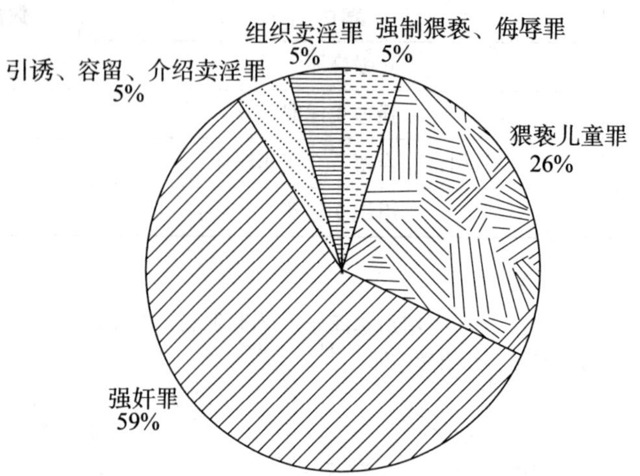

图 2　2019 年性侵案件分析

3. 2020 年性侵案件数量（33 件）（见表 3、图 3）

表 3　2020 年性侵案件数量分析

序号	案由	数量（件）
1	强制猥亵、侮辱罪	1
2	猥亵儿童罪	13
3	强奸罪	17
4	引诱幼女卖淫罪	1
5	组织卖淫罪	1

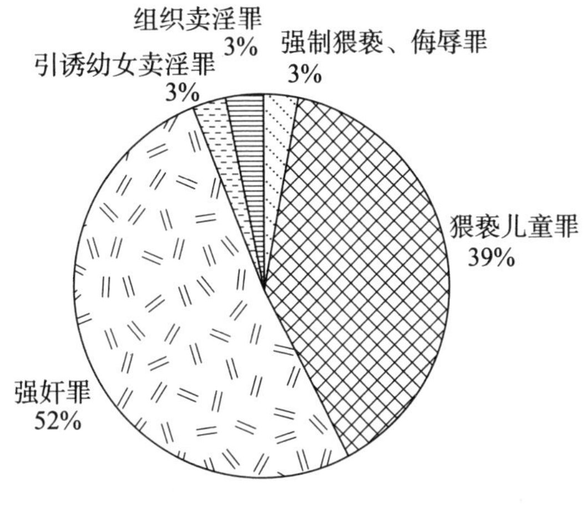

图 3　2020 年性侵案件分析

（二）2018—2020 年猥亵儿童罪各量刑幅度案件数量分布

表 4　2018—2020 年猥亵儿童罪量刑分析

案件数量（件） 年份	二年以下 有期徒刑	二至五年 有期徒刑	五年以上 有期徒刑
2018 年	3	3	0
2019 年	1	4	1
2020 年	2	10	1

通过表 4、图 4 可以看出，猥亵犯罪主要是以猥亵儿童犯罪为主，且近三年来猥亵儿童犯罪数量并未减少，逐年上升，到 2020 年和强奸案件的数量将要持平；从量刑上看，二年以上五年以下有期徒刑占到绝大多数。分析原因，猥亵儿童多数为熟人作案，2020 年因新冠疫情原因，其他犯罪可能受到无法出门等影响有所降低，但猥亵儿童犯罪数量并没有因此降低。

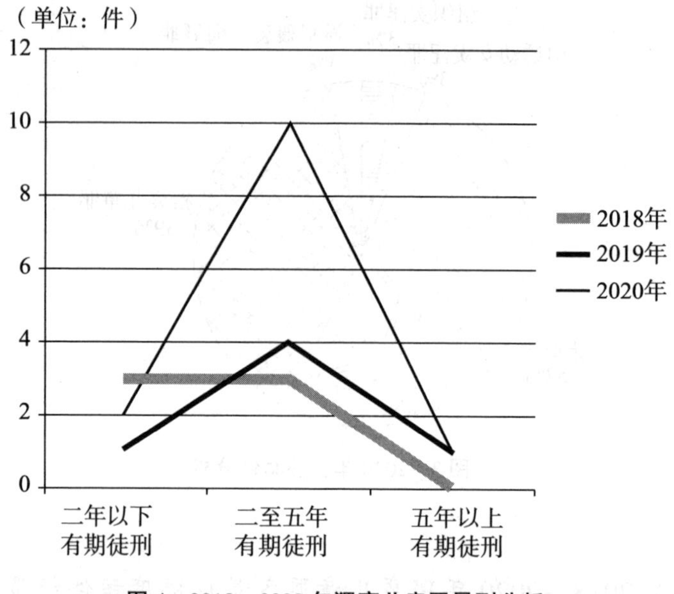

图 4　2018—2020 年猥亵儿童罪量刑分析

二、猥亵儿童犯罪的主要客观表现方式

从司法实践看，犯罪分子猥亵儿童的方法主要有抠摸、搂抱、鸡奸、让儿童为其口淫和手淫等。由于儿童对性的认识和辨别能力很差，法律并不要求犯罪分子实施了暴力、胁迫或者其他方法。不论儿童是否同意，也不论儿童是否进行了反抗，只要对儿童实施了猥亵行为的，就构成猥亵儿童罪。

在审判实务中，猥亵的方式确实也在呈现多样化。特别是近几年来，通过网络进行猥亵的案件逐年增多，猥亵男童的案件数量也呈上升趋势。下面通过几起案例探讨一下猥亵儿童罪客观方面的表现。

1. 猥亵方式的多样化

某县人民法院曾经判决一起被告人李某磊猥亵儿童案。李某磊分两次趁被害人李某某在其家玩耍上厕所之机，用言语威胁，并用剪刀将穿在被害人身上的内裤裆部剪烂。关于本案被告人的客观方面表现，在审理中很少见此类表现方式，但经过研究，合议庭一致认为，虽然被告人并未接触被害人的身体，但对其隐私部分进行窥视，并对遮盖其隐私部位的内裤进行毁损，已经造成了对被害人人格、名誉和身心健康的侵犯，符合猥亵儿童罪的犯罪构成。

2. 通过网络进行猥亵

被告人常某华使用化名吴磊通过“快手”软件认识了牛某某后互加QQ聊天，聊天过程中常某华为满足性刺激，以给付金钱为诱惑向牛某某索要裸照，牛某某通过QQ传给常某华裸照，其间，常某华通过牛某某介绍在网络上认识周某某，常某华以同样方式诱骗周某某索要裸照，周某某通过QQ传给常某华裸照；拒绝提供后，常某华以扩散传播裸照的方式威胁被害人为其继续提供裸照，2020年夏天，按牛某某要求李某某将自己的半身裸照通过QQ发给了常某华。后常某华以扩散传播裸照的方式威胁牛某某、李某某继续向其发送裸照遭到拒绝后，常某华将牛某某、周某某、李某某的裸照散播给了在网上关注过三人的同学。后李某某父亲因李某某裸照在网上被散播报警。

本案中，常某华并未实施抠摸、亲吻、搂抱等行为，其以此提出不构成猥亵儿童罪，一审、二审法院均认为，常某华主观上以满足性刺激为目的，客观方面通过网络通信工具，以诱骗等方式要求被害人拍摄、传送暴露身体的不雅照片供其观看，客观上亦对未满14周岁儿童的人格尊严和心理健康造成了严重侵害，符合猥亵儿童犯罪的构成要件。

3. 猥亵男童

被告人王某德在其经营的菜馆三楼一房间内，以为饭店服务员刘某轩检查包皮为借口，违背被害人刘某轩的意愿，强行舌舔、手淫被害人的生殖器。后经查，王某德为艾滋病毒携带者，虽刘某轩经诊断未被感染，但给其本人和家人带来的精神伤害是非常巨大的。

三、猥亵儿童犯罪的严重社会危害性

要研究猥亵儿童罪的定罪和量刑，必须了解该行为的社会危害性。通过案件的审理，笔者主要发现以下危害。

（一）对受害儿童的个人伤害

1. 生理上的直接伤害

实践中，猥亵儿童犯罪有偶发性一次猥亵，但更多为长久犯罪。此类侵害者多为儿童认识或熟悉的人，长期犯罪的过程中也会伴有强奸行为。由于幼女的生殖系统发育不成熟，所以一旦遭受外力侵犯，造成的损伤就会比较大。如果不洁的手或者物体触摸下体后，首先会造成幼女泌尿系统的感染，细菌一旦进入身体其他部分，就会造成终生的妇科疾病，甚至要通过手术摘除一些器官，造成受害者终身无法生育。

2. 心理创伤

笔者认为，在猥亵儿童犯罪中，更大的伤害来自心理和人格的伤害。多数遭受猥亵的儿童会出现自我否定。他们在受害过程中甚至受害之后都不明白怎么回事，直到披露后通过周围人的反应才带给他们羞耻感。有研究证明，他人对自己的评价在儿童自我评价过程中扮演着重要角色，他们自我唾弃，认为自己“不是个好孩子”。生理的创伤经过治疗很多会恢复正常的生理功能，这些不幸的经历却成为受侵害儿童无法去除的心理伤疤。

此外，受害儿童会受到“二次伤害”。诸多案例表明，案发后很多父母的第一反应是责备，责备孩子没有保护好自己，没有及时告知家长，甚至有些传统的家庭认为孩子不完美，会过分指责孩子，在此过程中不断强化受害儿童对被侵犯过程的羞耻感。尤其是在传统家庭特别是农村家庭中，家长往往会因过分看重贞洁问题而不停责备受害儿童，担心家庭名誉。还有一些父母为了维护家庭名誉，会吓唬孩子不准把被侵犯的事说出去，无形中加剧了孩子对此的恐惧，造成严重的心理负担，并出现一系列的“二次伤害”反应。

（二）对受害儿童家庭的危害

在我国家庭中，儿童是家庭的核心，也是未来的希望。一旦悲剧发生，直接导致家庭关系紧张，此时需要家庭成员联合起来共同面对问题，然而只要一方承受不住压力，就会让整个家庭关系陷入紧张。伴随儿童创伤反应的出现，家人与受害儿童的关系逐渐变得不稳定。多数家庭对孩子被性侵后如何教育出现分歧，原本和睦的家庭氛围荡然无存，取而代之的是沉闷、压抑、痛苦，直接影响家庭存续的稳定。笔者办理的杜某董猥亵儿童一案中，被害人父母发生争吵，母亲回娘家，父亲出去饮酒，让邻居去家中哄孩子睡觉，直接导致孩子被猥亵，父母二人也因此矛盾激化，导致离婚。

（三）对社会的危害

受害家庭所遭受的伤害会引起社会关系和社会秩序的改变，无论在城市社区还是在乡村农舍，悲剧的发生不仅撼动整个家庭，而且影响一个地区乃至整个社会。很多幼年遭受侵害的儿童，如果受到社会的孤立后，得不到来自家庭和社会的关爱，会因此产生报复社会的念头。这种念头延伸到成年后，对社会秩序的稳定是一个极大威胁，甚至有些会用同样的手段去对待下一代的儿童，这也会成为诱发性犯罪和其他暴力犯罪的重要因素。

四、猥亵儿童犯罪的原因分析

关于哪些诱因导致猥亵儿童犯罪，笔者分析如下。

（一）受害儿童个人及家庭方面的原因

造成儿童受到性侵很重要原因之一在于儿童对性侵的认识不足，而造成这种情形的原因是多方面的。第一，随着社会发展，生活水平不断提高，儿童身体成长比较快，这是诱发一些性侵犯罪分子犯罪的原因之一。第二，中国传统文化氛围造成儿童对性和性犯罪认识不足，进而造成儿童对性侵的预防意识不足。第三，家庭的教育和防范不到位。父母在教育孩子的时候，不会或者很少提及关于性的问题，甚至遇到有关性的问题时采取回避态度，造成儿童对性侵防范意识的缺失。

（二）犯罪行为人方面的原因

对变态人格的人及精神病人社会监管不力。变态人格的人，往往具有双重人格，很多表现为恋童症，是一种性指向障碍，有此症者在正常生活条件下对儿童持续表现性爱倾向。我国对性侵儿童案件的社会制度研究和重视不够，很多恋童癖患者并不被人注意。在一些案件中，值得引人关注的是，他们中的多数人在童年时也曾遭受过性侵害。

（三）社会原因

受社会上一些不良文化的影响，以及书本、网络等媒体上的一些淫秽音像制品的刺激，犯罪分子如果找不到性满足的对象或其他方式，就会把目标指向无知的幼童身上。由于我国经济文化发展的地区不平衡性，导致农村留守儿童成为儿童性侵害的重灾区。留守儿童因父母外出打工而多与家中老人同住或寄宿在学校，孤身、没有父母的照料，即使有监护人也是文化程度较低的年迈老人，而这些原因给了侵害者犯罪机会。

从案件中笔者也有几点体会：第一，家长对孩子使用电子产品和互联网行为不能不管不问，要帮助子女识别色情、暴力、毒品信息，否则极有可能使孩子受到网络色情、暴力、毒品的侵害；要加强对未成年子女的自我保护和风险防范教育。第二，互联网监管部门，应该加强净化网络环境治理，设置浏览级别限制，引导未成年人正确使用网络，促进其健康成长。

五、猥亵儿童犯罪在《刑法修正案（十一）》中的变化及笔者对定罪量刑的一些思考

（一）《刑法修正案（十一）》对猥亵儿童罪的修改及实践中遇到的问题

《刑法修正案（十一）》中对猥亵儿童犯罪作了较大的修改，对猥

亵儿童罪五年以上有期徒刑的情形作了详细的列举。但在审判实践中，仍然会遇到一些困难。对于猥亵儿童多人或者多次的，较好掌握。但对“情节恶劣”这一标准如何把握以及“造成儿童伤害或者其他严重后果”中“其他严重后果”则较难把握。特别是随着社会的发展，网络日益发达，猥亵的方式呈多元化，如何认定情节恶劣，对法官来说不是一件易事。有些法官提出对儿童作精神伤害的评定或者给予精神抚慰金，虽然在现实中，此类犯罪对儿童的人格和精神确实也造成了客观上的伤害，但考虑目前《刑事诉讼法》关于附带民事部分的相关规定，笔者并不赞成放开精神抚慰金的赔偿，且精神评定主观性太强，也不宜作为量刑情节考虑。

某县人民法院在审理被告人樊某杰猥亵儿童罪一案中，樊某杰通过网络游戏与被害人互加好友后，通过威胁被害人的方式，让其拍摄大量自慰、色情视频供其观赏，樊某杰构成猥亵儿童罪，在量刑时恰逢《刑法修正案（十一）》已经实施，本案被告人樊某杰多次猥亵被害人拍摄裸视频，根据新法之规定，其法定刑应升格为五年以上，但考虑到本案犯罪行为发生于 2021 年 3 月 1 日之前，根据从旧兼从轻的原则，对其仍使用原刑法之规定，处以四年六个月有期徒刑。

（二）在定罪量刑中的一些建议

鉴于猥亵儿童犯罪的客观表现方式日益多元，且各种猥亵的方式对不同孩子的危害也不相同，同时该罪的量刑幅度比较大，笔者在定罪和量刑上进行一些思考。

第一，由熟悉少年审判的专业法官或者专业合议庭进行专案审理，特别是要有女法官参与审理。审判实务中，猥亵儿童的客观表现方式确实日益多元，传统的犯罪方式抠摸，也会涉及不同程度，有的表现为亲吻，有的表现为触碰胸部，还有的直接抠摸下体。网络发展的同时，受到一些不良信息的影响，通过拍裸体视频甚至自慰视频等方式进行猥亵，究竟对儿童的伤害孰轻孰重，确实需要办案经验的积累。所以建议专人或专门的合议庭审理。

第二，在案件审理中，量刑要重点考量被告人的社会危害性。具体把握犯罪中被告人的心理情况及成长经历，了解有无恋童癖的可能。对于有过性侵儿童犯罪前科的被告人，坚持从重从严处罚。

第三，综合把握案件性质和对被害人造成的危害。对被害人的年龄、家庭情况、成长的环境、学习经历以及心理承受程度包括家庭教育情况要进行全面了解，以更好地判断对被害人的影响和伤害，在量刑时进行把握。

第四，对犯罪情节的把握需要法官了解必要的医学知识和心理学知识。猥亵儿童罪侵犯的客体是儿童的人格、名誉和身心健康，侵犯的程度如何界定有一定的主观性，这些都需要法官足够了解儿童的发展心理，至于身体的伤害，亦需要相关的医学知识，建议对专业的少审法官进行这方面的相关培训。

儿童是祖国的未来，需要社会的共同关注和呵护。为减少对儿童的性侵害，特别是猥亵儿童犯罪，在审判中应及时总结审判经验和典型案例，完善相关立法和司法解释，通过司法解释或指导性案例等形式进一步明确定罪量刑规则，便于司法实务操作；应建立未成年人保护工作机制，加强青少年网络生态治理，净化网络环境，正确引导未成年人成长。

审判视角下未成年人遗嘱监护制度的问题与完善

姚　军*

一、我国未成年监护制度的立法现状

随着最有利于被监护人监护原则在《民法典》中明确和父母遗嘱指定监护制度的确立，我国的未成年人监护制度终于在法律规范上有了实质性的进步：不但扩充了监护类型，使法定监护、指定监护和意定监护等监护类型全部成为未成年人监护的方式，还初步明确了监护内容——以否定的方式列举严重侵害未成年人人身利益、财产权益的不得担任监护人，同时扩大了国家在未成年人监护的责任，增强了国家在未成年人监护中的兜底作用。① 总之《民法典》关于未成年人监护的规定，充分吸收了我国近年来对未成年人保护的理论成果，同时借鉴了国际上对于未成年人保护的先进做法，使我国未成年人的监护以《民法典》总则为总领，《民法典》婚姻家庭编、《未成年人保护法》《预防未成年人犯罪法》为框架的体系基本确立。但是我国未成年人遗嘱指定监护制度在“父母”的具体内涵、父母遗嘱指定监护冲突的解决、被指定监护人的范围、权利保障等问题上没有相关的规定，导致未成年人遗嘱指定监护制度在实施过程中效果并不理想。本文试图结合实务案例就上述问题作出分析，

* 作者单位：江苏省邳州市人民法院。

① 杨立新：《〈民法总则〉制定与我国监护制度之完善》，载《法学家》2016 年第 1 期。

并对未成年人遗嘱指定监护制度的完善提出相应的建议。

二、现行未成年遗嘱指定监护制度的问题

(一)"父母"的范围不明确

对于遗嘱指定监护人的"父母"范围，目前学术界尚存在争论，有的学者认为遗嘱指定监护的"父母"应当是生父母和完成收养关系的养父母而不包括继父母①；但有些学者认为"父母"应作广义的理解，包括生父母、养父母和完成收养关系的继父母及形成抚养关系的继父母②。由此导致《民法典》及其他相关法律难以明确父母的范围，从而导致的在司法实践中对可以遗嘱指定监护人的父母认定的进退失据，在出现继父母与生父母或者养父母遗嘱指定不一致时，无法对其遗嘱指定的效力进行认定。未成年人的监护人难以确定，何谈保护未成年人利益？

(二)父母遗嘱指定冲突处理缺乏相应处理规则

父母双方在遗嘱指定的监护人不一致时，《民法典》二次审议稿中曾考虑参照我国台湾地区的做法，以后死亡的一方指定为准，这一做法应当是基于父母在遗嘱指定时，双方仍然生活在一起。③ 但是随着近年来我国离婚率的不断上升，父母离婚后子女由一方直接抚养的情形也越来越多，此时对遗嘱指定冲突的规定就会显现不足：如A与B同居后育有一子C，后A与B感情破裂分开居住生活，C由A直接抚养，不久A与D结婚共同抚养C。后A病重，其弥留之际以遗嘱形式指定D为C的监护人，从此照护C。此后B得知A过世，要求D返还其对A抚养照顾的权利，并诉至法院。此时生父或母与直接抚养未成年子女的生母或父遗嘱指定的监护人不一致，是否还应当尊重生父母一方基于血缘的天然监护

---

① 孟勤国、唐瑞：《论遗嘱指定监护的完善——以民法典〈婚姻家庭编〉的编纂为重点》，载《河北法学》2019年第5期。

② 叶英萍：《未成年人意定监护立法研究》，载《现代法学》2017年第5期。

③ 李世刚：《〈民法总则〉关于"监护"规定的释评》，载《法律适用》2017年第9期。

权？因为无相关法律规定，法院只能按照相关的法理，判定生父母的抚养权优于遗嘱指定监护人，但是得知法院将C判于其生母且欲带其离开现居住地抚养，其继母D与亲属十分不满，将C藏匿起来，双方的纠纷仍然未化解。此事虽然打着为C着想的幌子，却因此给C幼小的心灵留下了巨大的阴影。此时，法院的判决是否有利于未成年利益最大化？是否合适？立法未针对此类情况加以规范明确，导致此类问题也就在所难免。

（三）被指定人的范围缺乏限制、适用顺序不明确

《民法典》总则部分未对可以担任被指定人的范围作出规定，亦未对被指定监护与法定监护的顺序作出明确，导致落实困难：E的父母在临终前口头指定E的姑姑担任监护人，E的父母去世后，其姑姑欲将之带在身边抚养时，E的外祖父母以享有法定监护权为由，坚决不同意由其姑姑带走抚养，后E的姑姑向法院提起诉讼。因为法律对遗嘱指定及法定监护的适用顺序没有相应的规定，而涉及未成年的身份关系，“隔代亲”现象在我国社会比较普遍，[①] 如果法院判决E的姑姑承担监护人，在执行时其可能无法顺利将E带走，此时就面临着法律落实的尴尬。法律之所以承认生父母具有天然的监护权，是基于血缘关系及对所有父母均会无条件照顾子女的推定，[②] 那么在父母去世后，在血缘上与未成年人最近的也就是祖父母、外祖父母及兄、姐等，法律为什么不能推定他们也会基于血缘和亲属关系而全心全意照顾未成年人？基于父母指定范围的扩大，理论上更加有利于延续父母般的照护，但是父母的认知必定不是都十分全面，对被指定人不加任何限制和指引，也会让一些不适合担任监护人的人承担监护责任，反而会损害未成年人的利益。

① 高丰美：《〈民法总则〉未成年人监护立法之区分》，载《青少年犯罪问题》2017年第6期。

② 张鉴：《论我国未成年人监护制度的完善》，载《攀枝花学院学报》2015年第2期。

（四）被指定人的权益缺乏保障

首先，未规定被指定监护人的拒绝权。监护权的性质，学术上仍存在争议，有认为监护权是权利，有认为监护权是义务，还有认为监护权是权利义务的统一。[①] 笔者认为，对未成年人的监护，虽然享有一定的人身利益，但是在现代社会巨大的生活、教育压力之下，其更多体现的是义务。而遗嘱是单方法律行为，父母在遗嘱中直接指定监护人，显然是增加了被指定人的责任，依照民事法律行为中无法定或约定缘由不得增加他人义务的原则，父母直接通过遗嘱指定监护人与法理不符，但现行的遗嘱指定监护制度对此并未作出相关的规定，显然对被指定人有失公允。其次，未明确监护人何时开始行使监护权。在被指定人确定后，又应当何时开始监护程序，法律未作出相应的规定。遗嘱系死因行为，需要对被继承财产进行分割时，被指定人的监护权是否需要待继承分割完成后再启动，还是无须任何条件，待遗嘱人死亡时，被指定人自动转变为监护人？最后，缺乏对被指定监护人的监督程序。父母在遗嘱指定时，被指定人在过往的表现肯定是其十分信任的，但是世易时移，随着社会不断进步，如今大多数情况下，父母在去世后会给孩子留下大量的遗产，而被指定人在被指定后，其不但在人身关系上照顾未成年人，其也会对未成年人的财产进行管理，面对大量财产的诱惑，在无任何监督制约机制的情况下，完全靠被指定人的自律，是否能够让被指定人坚守初心，完成监护人职责？这就要打上大大的问号。

三、完善我国未成年人遗嘱指定监护制度的建议

（一）明确“父母”的内涵

目前，《民法典》未能对可以遗嘱指定监护人的父母范围进行明确，

① 于玥：《论我国未成年监护制度的不足与完善》，载《法制与社会》2014年第9期。

应当尽快通过司法解释的方式，明确可以通过遗嘱指定的“父母”，仅为担任监护人的生父母及完成收养关系的养父母。[①] 生父母担任监护人时，其基于血缘关系，自然可以获得相应的遗嘱指定监护资格；而完成收养关系后，子女与生父母的抚养关系终止，由养父母代为行使监护权，二者均有相应的遗嘱指定资格。而形成抚养关系的继父母，依照《最高人民法院〈关于适用民法典婚姻家庭编〉若干问题的解释（二）》的精神，在一方离婚后再婚后又离婚的，继父母子女关系自然消失，另一方父母可以将未成年人带回抚养；由此继父母子女间的关系并非生父母或者养父母子女间关系般确定牢固，其关系的基础在于生父母与继母父的婚姻关系，因此不应当赋予其遗嘱指定监护人的权利。即使再婚后一方死亡的，而继父母愿意继续抚养未成年人，而且另一方生父或母同意放弃抚养权的，则继父母可以按照收养的规定办理收养手续，从而形成养父母的关系，因此可以遗嘱指定监护人的父母不应当涵盖继父母。

（二）明确父母遗嘱指定冲突的处理原则

父母离婚或者分居后，遗嘱指定的冲突应当以直接抚养未成年子女一方的指定的监护人为监护人，同时辅以个案审查。

首先，在父母离婚或者分居后，未成年子女由一方抚养时，父母遗嘱指定监护人不一致的，应当以直接抚养未成年人子女的一方父或母指定的监护人作为未成年人的监护人。依照《民法典》婚姻家庭编的相关规定，父母离婚后仍对未成年人具有抚养、监护、保护的义务，换言之，对未成年子女的监护权不因父母的离婚而失去，但是在适用遗嘱监护制度时，会出现离婚后未成年子女随一方共同生活，而不直接抚养未成年子女的一方对其生活习惯，社交范围、学习情况了解并不深入，此时，如果父母仍有用同样的遗嘱指定监护的权利，且按照后死一方指定为准的规则，并不利于未成年人。其次，结合父母离婚或者分居后与子女关

① 郧海莹、张建敏、章成：《论监护概念的内涵以及我国监护立法的完善》，载《赣南师范学院学报》2011 年第 2 期。

系亲密情况及对子女义务的履行情况，进行个案审查，确定可以遗嘱指定冲突的处理。[①] 离婚或者分居后，父母仍有照顾、抚养子女的义务，对于能够尽到相应的义务，同时又能经常探望子女，形成亲密而良好的亲子关系的，在指定发生冲突时，可以确认后死未直接抚养子女的一方的指定为准。

（三）明确被指定人的范围及适用顺序

首先，应当在父母遗嘱指定监护人的范围作出限定，即担任遗嘱指定的监护人应当是与未成年人的父母熟识且与未成年人有良好关系的人，因为与未成年人的父母相识且相互信任，并不代表能与该未成年人融洽相处，如果相互之间无法正常相处，被指定监护人也很难正常履行监护责任。同时优先可能在有抚养能力的近亲属中指定，更有利于未成年子女的成长。其次，尽管法律推定父母出于关爱，会选择其最信任、最适合担任其子女的监护人。但毕竟人的认知是有限的，[②] 因此还应通过司法解释列出被指定人的"负面清单"，从反面对其范围加以限制：第一，有虐待未成年人不良记录、针对未成年人违法犯罪的不能担任指定监护人。第二，自愿放弃子女抚养权的不得担任被指定监护人，连自己子女的监护权都愿意放弃，其怎可能真心实意监护其他未成年人？第三，限制行为能力人不能担任被指定监护人。最后，被指定的监护人其监护权应优于或等于未成年人的近亲属，由被指定人和近亲属共同照顾，对未成年人来说是较为有利的选择。

（四）细化对于被指定人的相关规定

首先，明确被指定监护人行使监护权的程序。遗嘱属于死因行为，但是未成年人的监护不应当在才由被指定人负责监护，否则会出现未成

① 李海松：《论未成年人监护人的设置》，郑州大学2018年硕士年学位论文。

② 王竹青：《论未成年人国家监护的立法构建——兼论民法典婚姻家庭编监护部分的制度设计》，载《河北法学》2017年第5期。

年人监护的真空地带。其开始的时间应当是父、母在不能或接近不能行使监护权时，由民政部门会同村、居委会介入其中进行确认，进行登记确认后开始，[①] 如此可避免未成年人在父母死亡时无人监护而致财产或人身权利受损。其次，明确被指定人的拒绝权。遗嘱虽然是单方法律行为，但是指定监护是在增加被指定人的义务，同时个人的情况可能会随着时间的推移而发生变化，而不再适合担任监护人，因此应当明确被指定人的拒绝权。应当在父母遗嘱指定前，通过书面的方式由被指定人作出确认，并由民政部门或村（居）委会见证后，父母的遗嘱指定才能生效。如果被指定人因其他原因不能继续担任监护人，则民政部门应当按照指定监护的程序另行指定。最后，确立由民政部门负责的监护监督制度。监督才能更好促进义务的履行，用制度管人管事才能避免个人的随意性。在德国、法国、美国、英国等监护制度较完善的国家，均规定了监护监督制度。因此，应确立民政部门领导监护监督主体，由其指定未成年人的近亲属作为监护的监督人制度。有观点提出在父母在遗嘱指定监护人时同时指定监督人，[②] 但正所谓用人不疑，这样可能导致的被指定人不再接受指定，更不利于未成年人的权力保护；在我国司法资源严重不足情况下，不应盲目学习西方的由法律担任监护的做法，应结合我国政府部门的设置，由民政部门作为监护监督的执行机关，由其结合村（居）委会的意见，指定未成年人的近亲属作为监护监督人，最为有利。村（居）委会比较接近未成年人的生活，最关心未成年人健康成长的，非其亲人莫属，此二者在民政部门的权威指导下结合，定能够更好地维护未成年人的权益。

总之，在目前我国仍然以家庭监护为未成年人监护主要方式的情况下，《民法典》作出了遗嘱指定监护、民政部门兜底监护等制度的规定，确实对未成年人的权利保护起到了推动作用。但是，在目前我国家庭小

---

① 熊金才、冯源：《论国家监护的补充连带责任——以亲权与监护的二元分立为视角》，载《中华女子学院学报》2014 年第 4 期。

② 张娇东：《留守儿童保护中的监护缺位与重构》，载《重庆科技学院学报》2012 年第 3 期。

规模化、新生儿出生率逐年降低、离婚率逐年升高的大背景下，应通过立法和司法解释等进一步细化遗嘱指定监护等未成年人监护制度，让其更具可实施性。同时，明确民政等国家机关在未成年人监护中的责任，充分发挥国家在未成年人监护中的作用，通过完善相关制度，整合家庭、政府、社会在未成年保护方面的力量，通过最大限度发挥各方面的能动作用，为未成年人的健康成长创造更好的环境。

论监护人的确定机制

朱广新*

如何选择合适的监护人是监护制度应解决的首要问题。父母以遗嘱指定监护人、依法律规定直接确定监护人及由法院或其他机构选定监护人是确定监护人的三种基本方法。《民法典》在传承《民法通则》有关依法确定监护人的规定的基础上，增设以遗嘱指定监护人、具有监护资格的人以协议确定监护人、成年人以书面协议为自己确定监护人等监护人确定方式，发展并丰富了监护人确定机制，为实现最有利于被监护人的原则提供了更大可能性。为增强法律适用的明确性，《最高人民法院关于适用〈中华人民共和国民法典〉总则编若干问题的解释》（以下简称《民法典总则编解释》）对《民法典》有关监护人确定的几项新规定作了解释。因为该司法解释以抽象条文简明诠释法典条文之时，未提供正式解释理由，所以如何理解其规范意义需要进一步解释。本文拟立足于监护法理和《民法典》的规定，对《民法典总则编解释》关于父母以遗嘱指定监护人、具有监护资格的人以协议确定监护人、成年人以协议为自己确定监护人的规定进行阐释，以为被监护人选择合适的监护人为核心作出解释性探究。

* 作者单位：中国社会科学院法学研究所。

一、父母以遗嘱指定监护人

如何养育、保护未成年人，使其发展成为具有自主意思、独立人格和自立能力的市民，是近现代亲属法的重要规范事项。大陆法系为此确立亲权与监护制度。经由“家本位”“亲本位”至“子女本位”的亲子关系法律思想嬗变，亲权从父母对子女的支配权力演变为父母对未成年子女予以养育、保护并代其作出决定的权利义务。只要存在父母身份（亲子关系），父和/或母即自然对未成年子女负担、行使养育、保护的权利义务。无父母（如弃婴）、父母皆死亡、被剥夺亲权或不能行使亲权时，应为未成年人确定监护人。监护是在亲权缺位时为养育、保护未成年人而备置的法律措施，其根本目的是“代替父母照顾”，创造适合未成年人独立人格形成和发展的家庭环境。从未成年人养育、保护这一根本需求看，父母是未成年子女的天然照管人，监护人则为父母的替代者。

我国民法有关监护的规定在两方面迥异于大陆法系的传统做法。一是以监护概念统括未成年人的养育、保护事务等，不区分亲权与监护，将父母直接称作其未成年子女的监护人；二是将成年人监护与未成年人监护予以统一构造。在此种立法体例下，《民法典》第二十九条将大陆法系传统的遗嘱指定监护规定为，“被监护人的父母担任监护人的，可以通过遗嘱指定监护人”。针对法律适用中出现的问题，《民法典总则编解释》第七条对《民法典》第二十九条作出两款解释。

（一）遗嘱指定监护的监护人确定

《民法典总则编解释》第七条第二款规定：“未成年人由父母担任监护人，父母中的一方通过遗嘱指定监护人，另一方在遗嘱生效时有监护能力，有关当事人对监护人的确定有争议的，人民法院应当适用民法典第二十七条第一款的规定确定监护人。”该规定以父母通过遗嘱为未成年子女指定监护人为适用对象，针对的现实问题是，指定监护人的遗嘱在什么情况下不能发生监护人确定产生的法律效力。其所涉基本理论问题是，遗嘱指定监护作为一种监护人确定方式，应具备何种构成条件。

生儿育女是人类的本能和天性，养育和保护子女健康成长直至成年，是父母的天职。近现代亲属法为此专设亲权制度，明定父母养育保护未成年子女的权利义务。养育与保护主要体现为负担或责任，而非个人主义观念下的受益或权利。因此，《德国民法典》《瑞士民法典》等将其亲属编中的亲权（elterliche Gewalt）概念修改为父母照顾（elterliche Sorge），《英国儿童法案》则以“父母责任”（parental responsibility）概念取代了“父母权利与义务”（parental rights and duties）概念。亲权、父母照顾或父母责任因而被认为应专属于父母，父母不得将其抛弃，或转让于他人。

《民法典》对于监护所设专节，首先作出“父母对未成年子女负有抚养、教育和保护的义务”的规定（第二十六条），紧接着规定：父母是未成年子女的监护人；父母已经死亡或没有监护能力的，由其他个人或组织依照法定顺序担任监护人（第二十七条）。这些规定不仅将未成年人监护植根于父母义务之下，而且在未成年人养育与保护上凸显了“父母责任当先”思想。这与父母是未成年子女的自然监护人，非父母监护人只是父母之替代者的亲权与监护二分的近现代民法观念实质上一脉相承。因此，至少在未成年人照顾人的确定上，我国《民法典》虽无亲权之名，但确有父母照顾或父母责任之实。更不容忽视的是，《民法典》第三十四条继承《民法通则》第十八条，在将监护界定为一种“职责”的前提下（第一款），作出“监护人依法履行监护职责产生的权利，受法律保护”的规定（第二款）。该两款规定一方面表明监护权具有权利义务合体的特性，另一方面明示，监护之本实乃是职责、责任或义务。因此，在未成年人养育和保护上，我国《民法典》以其颇具特色的规定彰显了监护本质上是一种责任以及父母责任当先的法制思想，该思想之源是以儿童最佳利益为核心的亲子关系观念。

遗嘱指定监护，是指父母订立遗嘱为子女挑选合适的监护人，于遗嘱生效后由指定之人替代父母照顾。相比于依法强制确定监护人及由法院或其他机构选任监护人，遗嘱指定监护无疑是亲权的自然延伸，因此能够更好地实现最有利于被监护人的原则。根据亲权或父母责任理论，只要父母一方健在且未丧失监护人资格与监护能力，未成年人就应当处于父母一方的照顾之下，父母任何一方不得以遗嘱指定监护方式限制、剥夺另一方养育、保护未成年子女的权利义务，父母之外的任何个人或组织无权干涉、限制、排除父母对其未成年子女的养育和保护。因此，如果不要求履行特别的任命程序，为未成年子女指定监护人的遗嘱，只有在下列情况下才能发生非父母监护人确定产生的法律效力：父母一方以遗嘱指定监护人的，遗嘱生效时，父母另一方已死亡、被剥夺监护人资格、丧失监护能力，或父母另一方因丧失民事行为能力、宣告失踪等因素不能履行监护职责。即是说，订立遗嘱的父母一方在遗嘱生效时必须是未成年子女唯一能够履行监护职责的人。父母共同行使亲权或监护权时，一方以遗嘱指定监护人的，如父母同时死亡，该指定监护有效。夫妻离婚时，担任未成年子女监护人的一方以遗嘱指定监护人，而其死亡时另一方健在且未丧失监护人资格与监护能力的，该遗嘱不发生监护人确定产生的法律效力，子女自遗嘱人死亡时应由他方监护，且他方可以遗嘱指定监护人。父母各自以遗嘱指定监护人后同时死亡时，其遗嘱仍然有效，由各自指定之人为监护人，共同行使监护权。父母一方作成遗嘱时虽担任监护人，但其死亡时已丧失监护人资格或能力的，则其指定不发生效力。

据上而言，父母双方健在时，任何一方通过遗嘱指定监护人的，只要另一方在遗嘱生效时有监护能力，指定监护人的遗嘱就不能发生监护人确定产生的法律效力，未成年人依据父母责任理论应由具有监护能力的父母一方履行监护职责。《民法典总则编解释》第七条第二款对此作出了“有关当事人对监护人的确定有争议的，人民法院应当适用民法典第二十七条第一款的规定确定监护人”的规定。所谓“有关当事人”，主要是指遗嘱指定之人、健在且具有监护能力的父母一方及有一定意思能力的未成年人。所谓“应当适用民法典第二十七条第一款的规定确定监护人”，是指应当根据《民法典》第二十七条第一款的规定，由父母一方确定担任未成年人的监护人。概而言之，《民法典总则编解释》第七条第二款主要适用于三种情形：一是父母双方共同担任未成年子女的监护人时，一方以遗嘱为未成年子女指定了监护人，在该遗嘱生效时另一方未丧失监护人资格且具有监护能力。二是父母双方健在时，另一方丧失监护人资格或丧失监护能力，或另一方因丧失民事行为能力、宣告失踪等因素不能履行监护职责，监护人仅由父母一方担当时，单独履行监护职责一方以遗嘱为未成年子女指定监护人，但在遗嘱生效时，另一方已恢复监护人资格、监护能力、完全民事行为能力或者重新出现。三是父母离婚时，依据约定或法院裁定，与子女共同居住的一方担任监护人的，担任监护人的父母一方以遗嘱为未成年子女指定了监护人，遗嘱生效时父母一方具有监护能力。

需要注意的是，《民法典总则编解释》第七条第二款实际上隐含地提出了一个值得阐明的问题：父母一方能否在另一方可履行监护职责时以遗嘱为未成年子女指定监护人。第七条第二款没有对此作出明确回答。该问题涉及指定监护人之遗嘱的成立与生效。遗嘱是一种单方法律行为，在《民法典》或其他法律未作特别规定时，遗嘱的成立应遵循民事法律行为成立的一般规定。根据《民法典》第一百三十四条第一款的规定，遗嘱应当自订立遗嘱的人作出单方意思表示时成立。指定监护人的遗嘱只是遗嘱的具体类型之一，其与指定继承人的遗嘱同属遗嘱范畴，二者之不同仅仅体现在遗嘱的具体效力上。因此，即使父母双方共同担任监护人，任何一方也可以单独以遗嘱为子女指定监护人。问题的关键在于，父母一方在此种情形下所立遗嘱能否发生效力。

从比较法上看，《德国民法典》规定，“父与母指定不同的人为监护人的，以最后死亡的父母一方所指定者为有效”（第 1776 条第 2 款）；“父母限于在死亡时对子女的人身和财产享有照顾权者，始得指定监护人”（第 1777 条第 2 款）。依此规定，父母任何一方皆可以遗嘱为子女指定监护人。

（二）指定监护人的拒绝权

《民法典总则编解释》第七条第一款规定："担任监护人的被监护人父母通过遗嘱指定监护人，遗嘱生效时被指定的人不同意担任监护人的，人民法院应当适用民法典第二十七条、第二十八条的规定确定监护人。"该规定明确承认了三项规则：一是《民法典》第二十九条规定的遗嘱指定监护亦可适用于成年人监护；二是遗嘱指定之人有权拒绝担任监护人；三是遗嘱指定监护优先适用于法定监护。

在大陆法系，遗嘱指定监护以被监护人为未成年人为适用对象，成年人监护一般不适用于遗嘱指定监护。《民法典》第二十九条将遗嘱指定监护的适用对象界定为"被监护人的父母担任监护人的"。根据其文义及法条序列，遗嘱指定监护可适用于未成年人与无民事行为能力或限制民事行为能力的成年人。相比于其他任何人，父母基于对子女的自然爱护和亲密关系，更了解子女的智力或精神健康状况，更关心子女的发展或生存状况，从而更明白子女需要什么样的教育或照料。因此，父母即使担任其成年子女的监护人，基于父母子女之间的天然情爱，允许父母以遗嘱为作为被监护人的成年子女挑选合适的监护人，同样有助于实现最有利于被监护人的原则。

不过，遗嘱指定监护作为一种监护人确定方式，通常会面临如下问题：遗嘱生效时被指定之人不愿意担任监护人。遗嘱是一种死因单方民事法律行为。父母订立遗嘱为子女指定监护人时，或者出于自己的一厢情愿，事先没有征求被指定人的同意，或者是在征求被指定人事先同意的情况下作出的。无论是哪一种情况，均存在遗嘱生效时被指定人不同意担任监护人的可能性。被指定人不愿意担任监护人时，通过强制手段实现监护目的，完全不可行。因此，遗嘱指定监护并不意味着，遗嘱一旦生效，被指定人即确定地成为监护人，它只是赋予被指定人一种担任监护人的资格。被指定人是否担任监护人，应依其是否愿意履行监护职责及是否具备监护能力而定。在履行监护职责纯属无偿付出的情况下，根据意思自治原则，监护人之承担尤应尊重被指定人的意愿。因此，《民法典总则编解释》第七条第一款明确规定，遗嘱指定之人可以不同意担任监护人。理解该规定时须注意以下两方面。

第一，可以通过遗嘱指定监护人的人须为担任监护人的被监护人之父母。对于未成年人监护，享有指定权者必须是实际担任监护人的父母，因无监护能力而未担任监护人，或被撤销监护人资格的父母，不享有指定权。对于成年人监护，父母作为第二顺位的法定监护人，在以下两种情形下可享有指定权：一是作为被监护人的成年人无配偶，或者其配偶无监护能力或被撤销监护人资格；并且，作为被监护人的成年人无子女、其子女无监护能力、其子女被撤销监护人资格或其父母与其子女达成协议约定由其父母担任监护人。二是依据《民法典》第二十八条，依法具有监护资格的人之间通过协议确定由成年人的父母担任监护人。

第二，被指定人须在遗嘱生效时不同意担任监护人。遗嘱指定监护在适用上可能会发生此种情况：遗嘱指定的人事先不知道自己被指定为监护人，或者即使事先知道自己被指定为监护人，但不知道或不能及时知道遗嘱于何时生效。在此情况下，需要遗嘱执行人把遗嘱指定监护人的事实及遗嘱人死亡的事实及时告知被指定之人。知道遗嘱生效后，被遗嘱指定之人应当及时履行监护职责。值得思考的是，被指定之人是否可以无任何正当理由地“不同意担任监护人”。监护是一种无报酬的心力付出，按照民法的理性人假设和意思自治原则，人们通常不会愿意接受这种有劳无获的付出。故而，法律通常将可能担任监护人的人限制在家庭或家族之内，从家族血脉相连的意义上正当化监护职责的承担。父母以遗嘱指定监护时，一般会基于亲子情爱为子女选择比较合适的监护人，被指定人的意愿、能力、条件等因素通常会被一并考虑，即使临时订立遗嘱予以指定，父母也不会随意选择监护人。因此，被给予充分信任的被指定人，通常不会不同意担任监护人。但是，就《民法典总则编解释》第七条第一款而言，其重要意义在于：赋予被指定人一种拒绝接受承担监护职责的权利。这一规定与《民法典总则编解释》第十一条第一款所作意定监护情形下协议任何一方可以任意解除监护协议的规定，在体系上保持了均衡。从比较法上看，遗嘱指定之人可以拒绝接受指定，亦有先例可循。例如，《法国民法典》第 401 条规定，“由父或母选定的监护人，并非一定有义务接受监护权，但如其属于虽无此项专门的选定，亲属会议亦可委以监护权的人，则不在此列”。

另需要注意的是，被指定人不同意担任监护人的，应当在知道或应当知道遗嘱生效后作出接受或拒绝接受的意思表示，未在合理期限内作出表示的，视为拒绝接受指定。在遗嘱指定之人作出选择前，遗嘱执行人有义务将遗嘱指定之人暂时不能确定是否担任监护人的事实及时告知被监护人的法定监护人，并由该法定监护人临时承担监护职责。遗嘱指定之人确定不同意担任监护人的，应当根据《民法典》第二十七条第二款及第二十八条的规定为被监护人确定监护人。

二、具有监护资格的人以协议确定监护人

《民法典》第三十条规定：“依法具有监护资格的人之间可以协议确定监护人。协议确定监护人应当尊重被监护人的真实意愿。”这是《民法典》将原《最高人民法院关于贯彻执行〈中华人民共和国民法通则〉若干问题的意见（试行）》第 15 条稍作改造而予以法典化的结果。该规定一方面舒缓了《民法典》第二十七条、第二十八条关于法定监护之监护顺位的刻板和僵化，尊重了监护人的意思，利于为被监护人确定比较合适的监护人；另一方面也考虑了对被监护人真实意愿的尊重，利于实现最有利于被监护人的原则。为更好地发挥该条的作用，《民法典总则编解释》第八条以两款规定对其第一句所作“依法具有监护资格的人之间可以协议确定监护人”作出了解释，明确了以协议确定监护人之规定的适用范围和具体操作方法。

（一）法定监护的局限性

确定监护人是监护的首要问题，《民法通则》为此确立了以法定监护

为主干、以指定监护为补充的监护人确定机制。《民法典》总则编第二章第二节（监护）在哪些人应当担当监护人上仍然把法定监护制度置于首要规范地位。法定监护的特点是，主要遵循亲疏远近的亲等秩序，按照法定顺位在近亲属之间强制性地确定监护人。从挑选合适监护人的角度看，法定监护存在一个明显缺陷，即忽视了被监护人与法定监护人之间事实上（而不是血缘上）的亲密程度和联系状况，无法顾及被监护人与法定监护人的意愿。根据《民法典》第二十七条、第二十八条的规定，同一顺位的法定监护人通常为两人以上，而这些人与被监护人之间在居住状况、日常联系、情感关系等方面可能大不一样。这些因素难免不会影响各个法定监护人承担监护职责的真实意愿，并最终影响监护职责的履行状况。

从比较法上看，法定监护作为一种重要的监护人确定方式，自20世纪中期以来显现了两种不同发展趋势：一是严格限制法定监护人的范围。例如，《法国民法典》中的未成年人监护制度在1964年被修改后，法定监护的适用范围仅限于最近亲等中直系尊血亲仅存一人（第401条、第402条）。而修改前的《法国民法典》则把法定监护人依顺序规定为，父系祖父、母系祖父、父系曾祖父（旧第402条、第403条）。二是废除法定监护人的规定。例如，自1900年施行的《德国民法典》第1776条把法定监护人限定为两个顺序：（1）受监护人父方之祖父；（2）受监护人母方之祖母。经1957年修改的《德国民法典》废除有关法定监护的规定，把父母指定监护与监护法院选定监护规定为监护人产生的基本方式。

比较可知，《民法典》有关法定监护人的规定明显过于宽泛，由此在规范事实及法律逻辑上衍生出法定监护人争议问题及应对该问题的指定监护制度。由社会现实看，监护人争议问题不仅会损害各法定监护人之间的亲属情感和关系，而且不可避免地会影响到作为未成年人成长之重要条件的家庭或家族环境。虽然法律规则不可能完美无缺，但其至少不应成为制造问题的祸端。就法定监护而言，指定监护的规则设计尽管可以应对监护人争议问题，但该种问题解决办法在制度效益上远远比不上通过严格限制法定监护人从而根本杜绝监护人争议的制度安排。以此而言，在仍然坚持《民法通则》有关法定监护人规定的情况下，增设协议确定监护人制度，实乃《民法典》从源头上化解法定监护之弊端的重要措施。

（二）父母以协议确定未成年子女的监护人

《民法典》第三十条有关以协议确定监护人的规定，在理解适用上应当区分未成年人监护与成年人监护。

在成年人监护情形下，有监护能力的配偶、父母、子女及其他近亲属皆具有监护资格，他们应否履行监护职责及能否享有监护权利，取决于其法定监护顺位。虽然各监护人之间的顺位安排充分考虑了被监护人与监护人之间的亲疏程度，但现实中，顺位在前者未必能够实现最有利于被监护人的原则。例如，被监护人年事已高时，其配偶一般也至高龄，由其履行监护职责，也许力不能及。在此情况下，前一顺位的人虽然可以无监护能力为由不承担监护职责，但有无监护能力是一个弹性概念，需要依据个案事实裁定，无法予以客观确定。相关当事人一旦因此发生争议，被监护人的照顾或保护就会受到影响。为克服法定顺位的严苛性，由具有监护资格的同一顺位的人或不同顺位的人，以类似于亲属会议的形式，通过友好协商选择确定一个或多个有意愿、能胜任的近亲属担任监护人，无疑能够更好地实现最有利于被监护人的原则。

未成年人监护在监护人确定上与成年人监护差异巨大。根据《民法典》第二十六条第一款和第二十七条规定，父母是未成年子女自然或当然的监护人，父母之间不得通过协议排除、限制父母任何一方的监护义务及与此相关的权利，父母任何一方不得将养育、保护子女的义务移转给第三人甚至是父母另一方。限制、排除或移转父母责任的协议撕裂了作为未成年人人格发展之必要条件的家庭环境，严重违背儿童最佳利益原则。在婚姻存续期间，父母应共同行使亲权。父母离婚或分居时，父母双方可以按照儿童最佳利益原则约定由一方承担监护职责，协商不成的，由法院裁定。鉴于父母监护职责的专属性或不可推卸性，在未成年人监护中，父母之外具有监护资格的人在未成年人监护上根本不可以与未成年人的父母相提并论，他们承担监护职责及享有监护权只能以父母监护完全缺位为前提。因此，未成年人的父母不得与其他依法具有监护资格的人订立协议把监护权利义务移转出去，或者约定免除具有监护能力的父母的监护职责。即是说，《民法典》第三十条有关协议确定监护人的规定，不适用于未成年人之父母与其他依法具有监护资格的人以协议确定未成年人的监护人。《民法典总则编解释》第八条第一款第一句即是这种意义上作出的解释。如果未成年人的父母与其他依法具有监护资格的人订立协议转让监护的权利义务，该约定可以理解为关于委托监护的约定。如果未成年人的父母与其他依法具有监护资格的人订立协议，明确约定免除具有监护能力的父母的监护职责，该约定因违反《民法典》第二十七条第一款的规定，根据《民法典》第一百五十三条第一款，应当无效。

《民法典总则编解释》第八条第一款对父母以协议确定未成年人的监护人规定了一个例外："协议约定在未成年人的父母丧失监护能力时由该具有监护资格的人担任监护人的，人民法院依法予以支持。"这是一种类似于父母以遗嘱为未成年子女指定监护人的规定。该规定在适用上须满足以下条件。

第一，须共同监护未成年子女的父母双方或单独监护未成年子女的父母一方与其他依法具有监护资格的人订立监护协议。父母既可以与具有监护资格的一人达成协议，又可根据履行监护职责的必要性与多人达成协议。《民法典》对父母之外的其他个人担任监护人的人数无限制性规定，因此司法解释也没有作出仅与一人订立协议的限制性规定。考虑到多人同时履行监护职责，可能会发生推诿职责或意见不一的情况，与多人订立协议时，最好对各人承担监护职责的范围或各监护人意见不一时的分歧处理办法作出约定。在此值得思考的问题是，对于可与未成年人的父母订立监护协议的人，是否可以不限于"其他具有监护资格的人"。

对比有关遗嘱指定监护的规定来看，无须对此作出严格限制。在遗嘱指定监护情形下，父或母一方仅凭一方的单独意思表示即可为未成年子女确定监护人，而在以协议确定监护人的情形下，父母的意思表示和其他愿意承担监护职责的人的意思表示都得到了尊重，因此不应受到限制。

第二，协议约定在未成年人的父母丧失监护能力时由协议另一方担任监护人。协议的基本内容为，以合意方式为未成年人选定监护人。为使协议获得较好的履行效果，当事人双方可以对如何履行监护职责、履行职责的报酬、监护监督等问题作出约定。此种监护协议属于附生效条件的民事法律行为，协议只能在未成年人的父母丧失监护能力时发生效力，在丧失监护能力的事实确定之前，父母应当依法履行监护职责。考虑到在遗嘱指定监护情形下，被指定之人在遗嘱生效时有拒绝接受遗嘱指定的权利。同时考虑到，在成年人意定监护情形下，协议双方可以在成年人丧失或部分丧失民事行为能力前任意解除合同。对于父母与其他人订立的监护协议，应当允许在父母丧失监护能力之前，协议双方可以撤销已成立的民事法律行为。

第三，须父母丧失监护能力。具体包括：父母共同担任监护人时，双方同时丧失监护能力。如果只是一方丧失监护能力，监护的权利和义务则由另一方行使和承担，只有该另一方之后也丧失监护能力，并且原已丧失监护能力的一方未恢复监护能力时，协议约定的监护人才能担任监护人。父母一方担任监护人时，担任监护人的父母一方丧失监护能力。这种情形仅指父母一方死亡而未成年子女由另一方监护，不包括前一种情形中因一方丧失监护能力，监护的权利义务仅由另一方行使和承担的情况。

满足上述三个条件时，监护协议发生效力，协议约定的监护人确定成为未成年人的监护人。约定监护人应当依据协议和《民法典》有关监护职责的规定履行教育、照料、保护未成年人的权利义务。如果约定监护人不依约履行监护职责，不仅应向未成年人的父母承担违约责任，而且应当依《民法典》关于监护人职责的规定，向未成年人承担不履行或不适当履行监护职责的法律后果。如果父母既丧失监护能力又丧失民事行为能力，在缺乏监护监督机制的情况下，不妨认为其他依法具有监护资格的人可以作为约定监护人的监护监督人。未成年人的父母与他人订立监护协议时，可以对如何监督监护人履行监护职责作出明确约定。

值得追问的一个问题是，父母能否与他人订立协议，约定父母死亡后其未成年子女由该他人监护？该种协议在学理上称作死因契约，内容是向第三人（被监护人）履行的义务。父母作为协议一方当事人死亡时，协议生效，协议另一方确定成为监护人，且监护职责应当开始履行。相比于基于单方意思表示指定监护人的遗嘱，此种协议尊重了约定监护人的自主意思，利于实现最有利于被监护人的原则。因此，应当允许父母与他人订立此种监护协议。

（三）父母之外具有监护资格的人之间以协议确定监护人

《民法典总则编解释》第八条第二款规定："依法具有监护资格的人之间依据民法典第三十条的规定，约定由民法典第二十七条第二款、第二十八条规定的不同顺序的人共同担任监护人，或者由顺序在后的人担任监护人的，人民法院依法予以支持。"该规定消解或克服了法定监护中法定监护顺位的刻板与僵硬，为挑选合适的监护人提供了可能性。对未成年人监护而言，本款所言"依法具有监护资格的人"是指《民法典》第二十七条第二款规定的具有法定监护顺位的人。未成年人之父母不属于"依法具有监护资格的人"，道理前已阐明，在此不赘。在成年人监护情形下，"依法具有监护资格的人"是指《民法典》第二十八条规定的具有法定监护顺位的人。

《民法典》第三十条旨在缓和法定监护的刚性，有大缓和与小缓和两种思路。

小缓和，是指具有监护资格的同一顺位人之间以协议确定由他们之中的一人或两人担任监护人。这种解释思路一方面尊重了《民法典》关于监护人之法定顺位的规定，另一方面可以避免多人监护情形下因相互争夺、推诿监护而不利于实现最有利于被监护人原则的情况。譬如，祖父母、外祖父母是同一顺位有监护资格的人，他们与未成年人之间皆为直系血亲二亲等，理论上与未成年人具有相同的亲密关系。但是，依生活事实而言，在祖父母、外祖父母不可能同时与未成年人共居的情况下，由他们共同担任未成年人的监护人事实上很难做到，由此难免发生相互争夺监护权或相互推诿监护职责的情况。同一顺位的兄、姐承担监护职责时，也可能发生同样问题。在此情况下，由有监护资格的同一顺位人以协议确定一人或两人担任监护人，显然比较可取。达不成协议的，再依据《民法典》第三十一条有关指定监护的规定确定监护人。

大缓和，是指超越法定顺位的限制，由所有具有监护资格的人以协议确定监护人。以此种缓和思路确定监护人存在以下几种可能性：第一，由后顺位的一人或多人担任监护人，譬如，在成年人监护情形下，确定由父母担任监护人；第二，由同一顺位的部分人担任监护人，譬如，在未成年人监护情形下，选定祖父母担任监护人；第三，前顺位的部分人与后顺位的部分人共同担任监护人，譬如，在成年人监护情形下，由配偶与子女共同担任监护人；第四，由不同顺位的人一起担任监护人。上述四种情况很容易产生由多人同时担任监护人的结果。监护是一种人对人予以日常照顾、保护的持续付出，而且，未成年人监护特别强调教育、培养、保护未成年人健康成长的实效性。“一对一”的监护模式更为可取。只有在监护事项复杂或专业性强时，令多人共同履行监护职责或令多人分工承担部分监护职责，才比较合理。从比较法看，《德国民法典》与《法国民法典》皆明确规定监护人只能由一人担任。

由条文文义可见，《民法典总则编解释》第八条第二款是在赞成大缓和思路的前提下设计的。大缓和思路突破了《民法典》第二十七条第二款及第二十八条关于法定监护顺位的强制规定，为不愿意担任监护人的第一顺位或前一顺位的具有监护资格的人提供了一种正当渠道。依《民法典》第三十四条第二款可知，监护本质上是一种职责（义务）。法定监护顺位的立法思想应当为：“顺位在先，责任在先。”因此，第一顺位或前一顺位具有监护资格的人，不得以《民法典》第三十条关于协议确定监护人的规定为据，试图逃避或推脱自己的监护职责。第一顺位或前一顺位具有监护资格的人向后一顺位具有监护资格的人提出以协议确定监护人时，后一顺位的人有理由予以拒绝。

另外，考虑到履行监护职责也会使监护人由此获得一定的权利，后一顺位具有监护资格的人向第一顺位或前一顺位具有监护资格的人提出以协议确定监护人时，第一顺位或前一顺位的人也可以拒绝。第一顺位具有监护资格的人之间可以不管后监护顺位人的意思，以协议选定监护人。第一顺位的人缺位时，第二顺位的人之间可以协议选定监护人。依循此理，其他后法定顺位的人之间也可以协议选定监护人。当然，全部依法具有监护资格的人之间也可以一致同意以协议选定监护人。总而言之，《民法典》第三十条规定中“具有监护资格的人”可作两方面理解：既指同一顺位人又指不同顺位的人协议确定监护人，但同一顺位的人协议确定监护人，必须以无前一顺位有监护资格的人为前提。应依据上文分析，理解适用《民法典总则编解释》第八条第二款规定中的“不同顺序的人共同担任监护人，或者由顺序在后的人担任监护人”。

三、成年人以协议为自己确定监护人

《民法典》根据《老年人权益保障法》第二十六条第一款关于老年人意定监护的规定，确立了成年人意定监护制度。成年人据此可以根据自己意思能力衰减的状况或趋势，在具有完全民事行为能力的时候通过和他人自由协商为自己预先选定监护人。相比于法定监护下只能被动地接受法律规定的监护人，或只能被动接受具有法定监护资格的人选定的监护人的“他治”地位，意定监护立足意思自治原则，预备性地解决了未来意思能力丧失后的监护人选定问题，实现了自由与安全的统一。可以说，意定监护制度以民法自身的独特方式（意思自治）解决了具有公益属性的成年意思能力欠缺者的保护问题。

然而，从法律适用上看，《民法典》第三十三条有关意定监护的规定，只是以十分概括的规定承认了成年人意定监护制度，实操性相对较差。《民法典总则编解释》第十一条根据意定监护制度在法律适用中遇到的问题，对《民法典》第三十三条作出了解释。

（一）意定监护协议的解除及其限制

意定监护本质上是对法定监护的缓和与替代，相比于法定监护，具有优先适用的属性。它可以激励成年人为自己预定监护人。像在法定监护情形下那样，被选定之人的基本义务是对成年人予以日常照料和保护，以维持其人格权益，并对其财产予以妥当管理。考虑到监护事务的人身性、日常性、持续性等，成年人与作为协议当事人一方的未来监护人之间必须相互信任。这种信任既是双方订立监护协议的基础，也是监护协议持续存在的决定性因素。由协议确定的义务属性看，该监护协议类似于委托合同，其不同于一般委托合同之处在于：在协议履行过程中，作为订约当事人一方的成年人因丧失民事行为能力而无法指示、监督监护人履行监护事务。从比较法上看，《瑞士民法典》关于成年人“自己安排照护”的规定即是按照一种特别的委任（照护委任）进行规定的；2007年修订后的《法国民法典》关于成年人“未来保护委托”的规定，也被视为一种特别的委托。

作为一种监护人确定方式，成年人监护协议的履行取决于成年人丧失或部分丧失民事行为能力的事实是否成就。只有当成年人丧失或部分丧失民事行为能力时，被事先选定的监护人才应当依据协议的具体约定履行监护职责。成年人是否丧失或部分丧失民事行为能力，应依据《民法典》第二十一条、第二十二条的规定，立足于成年人的辨认能力状况予以个案判断，不是非得经法院作无民事行为能力或限制民事行为的司法认定不可。

意思能力的衰减通常表现为一个渐进发展的过程，除遵循一般生理发展规律外，它还取决于每一个成年人自身的心理、医疗、保健等因素，因人而异，差异很大。有人也许因一次疾患而导致意思能力严重衰退，有人也许至死都具有健全的意思能力。由此可能会发生此种状况：监护协议订立后，成年人一直保持良好的意思能力状态，始终能够正常处理或委托他人协助处理日常事务。在此种情况下，成年人对委托监护的认识、对选定之人的信任可能会发生不同程度的变化，被选定之人也可能发生不能或不愿接受委托的情事。当彼此之间的信任关系发生动摇甚至丧失时，监护协议则会丧失存在基础。针对此种情况，《民法典总则编解释》第十一条第一款参照《民法典》有关委托合同的规定，分情形对监护协议的解除作出了规定。

第一，在成年人丧失或部分丧失民事行为能力之前，协议当事人任何一方可以解除合同。在成年人丧失或部分丧失民事行为能力之前，受托人尚未开始履行监护职责。此时允许当事人双方基于互信状况自由决定是否维持合同关系，对于意定监护的实效具有重要意义。《民法典总则编解释》第十一条第一款参照《民法典》第九百三十三条第一句所作"委托人或者受托人可以随时解除委托合同"的规定，未设任何限制性条件地允许协议双方解除协议。所谓"请求解除协议"，不是说任何一方解除协议向对方提出请求，并依赖对方的同意，而是为表达协议当事人皆被赋予解除权之意。当事人一方依此决定解除协议的，根据《民法典》第五百六十五条关于合同解除方法的规定，向对方作出解除协议的意思表示即可。

第二，在成年人丧失或者部分丧失民事行为能力后，协议确定的监护人应当依照合同约定履行监护义务，无正当理由不得解除协议。该规定意味着，在选定的监护人开始履行监护义务后，成年人仍然可以随时解除合同，但监护人无正当理由不得解除协议。在把监护协议视为一种特别的委托合同的情况下，该规定实质上对意定监护人的协议解除权作出了适当限制。理解适用该规定，须注意以下两点。

一是选定之人开始履行监护职责须以成年人丧失或部分丧失民事行为能力为前提，但问题是，成年人在丧失或部分丧失民事行为能力的前提下，如何能够以单方民事法律行为的方式解除协议？如果说在部分丧失民事行为能力的情况下，可以通过将行使解除权理解为与成年人智力、精神健康状况相适应的民事法律行为的方法，承认成年人可以独立解除监护协议，那么，在完全丧失民事行为能力的情况下，作为被监护人的成年人根本不具有行使解除权的民事行为能力。而且，监护人作为成年人的法定代理人亦不应被赋予解除协议的权利，否则，一方面监护人的行为会构成存在利益冲突的自我交易，另一方面等于赋予监护人一种随时解除协议的权利。显然，此时特别需要为处于被监护状态的成年人提供一种特别的法定代理人，以代理其解除监护协议。从比较法上看，这种特别的法定代理人通常是监护监督人或被监护人的保佐人。在《民法典》和《民法典总则编解释》对监护监督缺乏规定的情况下，成年人在与其他人订立监护协议时，对监护监督人作出明确约定，并授予其视监护人履行监护义务的情况随时解除合同的权利，比较可取。监护协议对此缺乏特别约定时，不妨依据诚信原则，允许对成年人具有监护资格的近亲属承担监护监督职责，并有权代理丧失民事行为能力的成年人解除协议。

二是如何理解对监护人之协议解除权的适当限制。意定监护协议设定的监护义务，是对法定监护人之监护职责的一种替代，不能理解为一种纯粹的私人事务安排。被选定之人如果不愿承担监护义务，可以在成年人丧失或部分丧失民事行为能力之前解除协议，监护事务一旦开始履行，被选定之人不得反悔并寻求终止监护关系。但是，如果被选定之人丧失监护能力、丧失民事行为能力或有其他不适合继续履行监护职责的情事，应当允许其解除合同。为防止突然解除协议而对被监护人权益造成不当损害，被选定的监护人如果以正当理由解除合同，应当在合理期限之前通知被监护人的法定监护人，以使意定监护的终止与法定监护的开始相衔接。

此外，监护协议的双方当事人任意解除协议时，对于协议终止而给对方造成的损失，应否承担损失赔偿责任。《民法典总则编解释》对此保持了沉默。监护协议像委托合同一样具有一定的交易性，特别是作为专门提供成年人监护服务的组织，其与成年人签订的监护协议通常是有偿的，协议的突然终止难免不会使其遭受损失。因此在此情况下，应参照适用《民法典》第九百三十三条规定处理协议解除后的损失赔偿问题。

（二）意定监护人监护资格的撤销

《民法典总则编解释》第十一条第二款规定了意定监护人之监护人资格的撤销。其实，只要把意定监护理解为确定监护人的方式之一，意定监护人应像法定监护人一样受制于《民法典》关于监护人履行监护职责的规定。只是意定的监护人资格一旦被撤销，监护协议即终止，不存在恢复监护人资格的可能性。相比于法定监护，意定监护在监护人履行监护义务方面的独特性，更多地体现为，监护人违反法律规定或协议约定不履行或不适当履行监护义务时，应当向被监护人承担什么样的法律责任。一般而言，为寻求取得更好的监护效果，成年人不仅会在选择何人担任自己的未来监护人上作精心考虑，而且会在如何促使监护人更好地履行监护义务上作出精细安排。对违反义务的后果作出明确约定是防范监护人不履行或不适当履行监护义务的最佳措施。法律责任一旦约定明确，监护人在履行监护义务的过程中则时刻面临一旦违反约定则承担不利后果的风险。当然，为使未来监护人同意承担不履行或不适当履行监护义务的不利后果，成年人通常需要付出一定的代价。例如，如果选定之人为近亲属，成年人在丧失或部分丧失民事行为能力之前会在感情、经济等方面给予选定之人一定好处或恩惠，或者同意在监护人履行监护义务后给予其一定报酬；如果选定之人为专门提供成年人监护服务的组织，则需要采用以报酬购买服务的市场法则。如果不令监护人为自己的不履行或不适当履行监护义务的行为承担不利后果，监护人资格撤销制度会沦为监护人逃避或终止监护的一个通道。因此，对意定监护而言，应当确立这样的规则：监护人应当按照约定履行监护义务，违反约定的，应当依约承担法律责任。

不过，可能发生的问题是，当事人在监护协议中没有对监护人如何履行义务及违反监护义务的后果作出约定。在此情况下，如何规范不履行或不适当履行监护义务的行为？为防止监护人以监护人资格撤销制度逃避监护义务，应责令监护人依据《民法典》关于委托合同的规定履行义务，监护人不履行或不适当履行义务的，应当依据《民法典》关于违约责任的规定向成年人承担违约责任。

四、结语

据上分析，应以未成年人监护与成年人监护的区分为基础考虑监护人的确定。对于未成年人监护，监护人应依下列顺序进行确定：(1) 父母是未成年子女自然、当然的监护人，只有父母监护缺位时，其他个人或组织才可能担任监护人；(2) 父母以遗嘱指定监护人的，遗嘱生效时被指定人担任监护人，但被指定人享有拒绝权；(3) 依法具有监护资格的人之间以协议确定监护人的，由协议确定之人担任监护人；(4) 依法具有监护资格的人没有以协议选定监护人的，依据《民法典》第二十七条第二款规定的法定顺位确定监护人；(5) 对依法确定的监护人有争议的，依据《民法典》第三十一条规定的指定方式确定监护人；(6) 没有依法具有监护资格的人的，依据《民法典》第三十二条的规定，由民政部门担任监护人，也可以由具备履行监护职责条件的被监护人住所地的居民委员会、村民委员会担任监护人。对于成年人监护，监护人应依下列顺序确定：(1) 成年人与其他个人或组织签订书面协议为自己选定监护人的，由协议选定之人担任监护人；(2) 依法具有监护资格的人之间以协议确定监护人的，由协议确定之人担任监护人；(3) 依法具有监护资格的人之间以协议确定成年人之父母为监护人时，父母以遗嘱为其成年子女指定监护人的，遗嘱生效时由遗嘱指定之人担任监护人；(4) 依法具有监护资格的人没有以协议确定监护人的，依据《民法典》第二十八条规定的法定顺位确定监护人；(5) 对依法确定的监护人有争议的，依据《民法典》第三十一条规定的指定方式确定监护人；(6) 没有依法具有监护资格的人的，依据《民法典》第三十二条的规定，由民政部门担任监护人，也可以由具备履行监护职责条件的被监护人住所地的居民委员会、村民委员会担任监护人。

为保证取得良好监护效果，监护监督制度必不可少。在监护监督暂付阙如时，指定监护人遗嘱、具有监护资格的人之间选定监护人的协议、成年人与他人订立的监护协议等，完全可以根据意思自治原则，对监护监督作出私人安排。

（来源：《中国应用法学》2022 年第 3 期）

【规范性文件】

最高人民法院　最高人民检察院　公安部　司法部

关于印发《关于未成年人犯罪记录封存的实施办法》的通知

（2022年5月24日）

各省、自治区、直辖市高级人民法院、人民检察院、公安厅(局)、司法厅（局)，解放军军事法院、解放军军事检察院，新疆维吾尔自治区高级人民法院生产建设兵团分院，新疆生产建设兵团人民检察院、公安局、司法局：

为全面贯彻习近平法治思想，进一步规范未成年人犯罪记录封存工作，根据《中华人民共和国刑事诉讼法》等相关规定，最高人民法院、最高人民检察院、公安部、司法部联合制定了《关于未成年人犯罪记录封存的实施办法》，现印发你们，请认真贯彻执行。

最高人民法院　最高人民检察院　公安部　司法部

关于未成年人犯罪记录封存的实施办法

第一条　为了贯彻对违法犯罪未成年人教育、感化、挽救的方针，加强对未成年人的特殊、优先保护，坚持最有利于未成年人原则，根据刑法、刑事诉讼法、未成年人保护法、预防未成年人犯罪法等有关法律规定，结合司法工作实际，制定本办法。

第二条 本办法所称未成年人犯罪记录，是指国家专门机关对未成年犯罪人员情况的客观记载。应当封存的未成年人犯罪记录，包括侦查、起诉、审判及刑事执行过程中形成的有关未成年人犯罪或者涉嫌犯罪的全部案卷材料与电子档案信息。

第三条 不予刑事处罚、不追究刑事责任、不起诉、采取刑事强制措施的记录，以及对涉罪未成年人进行社会调查、帮教考察、心理疏导、司法救助等工作的记录，按照本办法规定的内容和程序进行封存。

第四条 犯罪的时候不满十八周岁，被判处五年有期徒刑以下刑罚以及免予刑事处罚的未成年人犯罪记录，应当依法予以封存。

对在年满十八周岁前后实施数个行为，构成一罪或者一并处理的数罪，主要犯罪行为是在年满十八岁周岁前实施的，被判处或者决定执行五年有期徒刑以下刑罚以及免予刑事处罚的未成年人犯罪记录，应当对全案依法予以封存。

第五条 对于分案办理的未成年人与成年人共同犯罪案件，在封存未成年人案卷材料和信息的同时，应当在未封存的成年人卷宗封面标注“含犯罪记录封存信息”等明显标识，并对相关信息采取必要保密措施。对于未分案办理的未成年人与成年人共同犯罪案件，应当在全案卷宗封面标注“含犯罪记录封存信息”等明显标识，并对相关信息采取必要保密措施。

第六条 其他刑事、民事、行政及公益诉讼案件，因办案需要使用了被封存的未成年人犯罪记录信息的，应当在相关卷宗封面标明“含犯罪记录封存信息”，并对相关信息采取必要保密措施。

第七条 未成年人因事实不清、证据不足被宣告无罪的案件，应当对涉罪记录予以封存；但未成年被告人及其法定代理人申请不予封存或者解除封存的，经人民法院同意，可以不予封存或者解除封存。

第八条 犯罪记录封存决定机关在作出案件处理决定时，应当同时向案件被告人或犯罪嫌疑人及其法定代理人或近亲属释明未成年人犯罪记录封存制度，并告知其相关权利义务。

第九条 未成年人犯罪记录封存应当贯彻及时、有效的原则。对于犯罪记录被封存的未成年人，在入伍、就业时免除犯罪记录的报告义务。

被封存犯罪记录的未成年人因涉嫌再次犯罪接受司法机关调查时，应当主动、如实地供述其犯罪记录情况，不得回避、隐瞒。

第十条 对于需要封存的未成年人犯罪记录，应当遵循《中华人民共和国个人信息保护法》不予公开，并建立专门的未成年人犯罪档案库，执行严格的保管制度。

对于电子信息系统中需要封存的未成年人犯罪记录数据，应当加设封存标记，未经法定查询程序，不得进行信息查询、共享及复用。

封存的未成年人犯罪记录数据不得向外部平台提供或对接。

第十一条 人民法院依法对犯罪时不满十八周岁的被告人判处五年有期徒刑以下刑罚以及免予刑事处罚的，判决生效后，应当将刑事裁判文书、《犯罪记录封存通知书》及时送达被告人，并同时送达同级人民检察院、公安机关，同级人民检察院、公安机关在收到上述文书后应当在三日内统筹相关各级检察机关、公安机关将涉案未成年人的犯罪记录整体封存。

第十二条 人民检察院依法对犯罪时不满十八周岁的犯罪嫌疑人决定不起诉后，应当将《不起诉决定书》、《犯罪记录封存通知书》及时送达被不起诉人，并同时送达同级公安机关，同级公安机关收到上述文书后应当在三日内将涉案未成年人的犯罪记录封存。

第十三条 对于被判处管制、宣告缓刑、假释或者暂予监外执行的未成年罪犯，依法实行社区矫正，执行地社区矫正机构应当在刑事执行完毕后三日内将涉案未成年人的犯罪记录封存。

第十四条 公安机关、人民检察院、人民法院和司法行政机关分别负责受理、审核和处理各自职权范围内有关犯罪记录的封存、查询工作。

第十五条 被封存犯罪记录的未成年人本人或者其法定代理人申请为其出具无犯罪记录证明的，受理单位应当在三个工作日内出具无犯罪记录的证明。

第十六条 司法机关为办案需要或者有关单位根据国家规定查询犯罪记录的，应当向封存犯罪记录的司法机关提出书面申请，列明查询理由、依据和使用范围等，查询人员应当出示单位公函和身份证明等材料。

经审核符合查询条件的，受理单位应当在三个工作日内开具有/无犯罪记录证明。许可查询的，查询后，档案管理部门应当登记相关查询情况，并按照档案管理规定将有关申请、审批材料、保密承诺书等一同存入卷宗归档保存。依法不许可查询的，应当在三个工作日内向查询单位出具不许可查询决定书，并说明理由。

对司法机关为办理案件、开展重新犯罪预防工作需要申请查询的，封存机关可以依法允许其查阅、摘抄、复制相关案卷材料和电子信息。对司法机关以外的单位根据国家规定申请查询的，可以根据查询的用途、目的与实际需要告知被查询对象是否受过刑事处罚、被判处的罪名、刑期等信息，必要时，可以提供相关法律文书复印件。

第十七条 对于许可查询被封存的未成年人犯罪记录的，应当告知查询犯罪记录的单位及相关人员严格按照查询目的和使用范围使用有关信息，严格遵守保密义务，并要求其签署保密承诺书。不按规定使用所查询的犯罪记录或者违反规定泄露相关信息，情节严重或者造成严重后果的，应当依法追究相关人员的责任。

因工作原因获知未成年人封存信息的司法机关、教育行政部门、未成年人所在学校、社区等单位组织及其工作人员、诉讼参与人、社会调查员、合适成年人等，应当做好保密工作，不得泄露被封存的犯罪记录，不得向外界披露该未成年人的姓名、住所、照片，以及可能推断出该未成年人身份的其他资料。违反法律规定披露被封存信息的单位或个人，应当依法追究其法律责任。

第十八条 对被封存犯罪记录的未成年人，符合下列条件之一的，封存机关应当对其犯罪记录解除封存：

（一）在未成年时实施新的犯罪，且新罪与封存记录之罪数罪并罚后被决定执行刑罚超过五年有期徒刑的；

（二）发现未成年时实施的漏罪，且漏罪与封存记录之罪数罪并罚后被决定执行刑罚超过五年有期徒刑的；

（三）经审判监督程序改判五年有期徒刑以上刑罚的；

被封存犯罪记录的未成年人，成年后又故意犯罪的，人民法院应当在裁判文书中载明其之前的犯罪记录。

第十九条 符合解除封存条件的案件，自解除封存条件成立之日起，不再受未成年人犯罪记录封存相关规定的限制。

第二十条 承担犯罪记录封存以及保护未成年人隐私、信息工作的公职人员，不当泄露未成年人犯罪记录或者隐私、信息的，应当予以处分；造成严重后果，给国家、个人造成重大损失或者恶劣影响的，依法追究刑事责任。

第二十一条 涉案未成年人应当封存的信息被不当公开，造成未成年人在就学、就业、生活保障等方面未受到同等待遇的，未成年人及其法定代理人可以向相关机关、单位提出封存申请，或者向人民检察院申请监督。

第二十二条 人民检察院对犯罪记录封存工作进行法律监督。对犯罪记录应当封存而未封存，或者封存不当，或者未成年人及其法定代理人提出异议的，人民检察院应当进行审查，对确实存在错误的，应当及时通知有关单位予以纠正。

有关单位应当自收到人民检察院的纠正意见后及时审查处理。经审查无误的，应当向人民检察院说明理由；经审查确实有误的，应当及时纠正，并将纠正措施与结果告知人民检察院。

第二十三条 对于 2012 年 12 月 31 日以前办结的案件符合犯罪记录封存条件的，应当按照本办法的规定予以封存。

第二十四条 本办法所称“五年有期徒刑以下”含本数。

第二十五条 本办法由最高人民法院、最高人民检察院、公安部、司法部共同负责解释。

第二十六条 本办法自2022年5月30日起施行。

附件：1. 无犯罪记录证明

2. 保密承诺书

附件1

无犯罪记录证明

×公/检/法/司（×）证字【】××号

经查，被查询人：　　　　，国籍　　　，证件名称：　　　　，证件号码：　　　　　，（在××××年××月××日至××××年××月××日期间），未发现有犯罪记录。

业务编号及二维码

单位（盖章）

××××年××月××日

注：

1. 此证明书只反映出具证明时信息查证平台内的犯罪记录信息情况。
2. 如未注明查询时间范围，即查询全时段信息。
3. 此证明书自开具之日起3个月内有效。

附件2

保密承诺书

：

为了　　　　（目的），根据　　　　　　　　　　　，我（我们）受　　　委派，查询贵单位　　　　　卷宗，为保证该案未成年人犯罪记录不被泄露，特作出以下承诺：

1. 查询获得的未成人犯罪信息仅用于以上事由，不超越范围使用。

2. 严格控制知情人范围，除必需接触的人员外，不向任何个人和单位披露。

3. 对获取的信息，采取严格的保密措施，谨防信息泄露。

违背以上承诺，造成后果的，愿意承担相应责任。

承诺人：　　　　单位：

年　　月　　日

最高人民法院、最高人民检察院、公安部、司法部相关部门负责人就《关于未成年人犯罪记录封存的实施办法》答记者问

2022年5月24日，最高人民法院、最高人民检察院、公安部、司法部联合发布《关于未成年人犯罪记录封存的实施办法》（以下简称《实施办法》），自2022年5月30日起施行。为更好地理解和适用《实施办法》，最高人民法院研究室负责人、最高人民检察院第九检察厅负责人、公安部刑侦局负责人、司法部相关部门负责人接受了记者采访。

问：《刑事诉讼法》仅规定“犯罪的时候不满18周岁，被判处五年有期徒刑以下刑罚的，应当对相关犯罪记录予以封存”，而《实施办法》在封存范围方面列举了很多，这样规定是否突破了法律？检察机关在牵头起草《实施办法》过程中是如何考虑的？

答：《刑事诉讼法》设立犯罪记录封存制度，有利于涉轻罪的失足未成年人消除因犯罪记录产生的标签效应、重新回归社会，也有利于推动社会善治。检察机关一直非常重视未成年人犯罪记录封存工作。早在2017年，《未成年人刑事检察工作指引（试行）》就对此项工作作出专章规定，在顶层设计层面对刑事诉讼法相关内容进行了细化，各地检察机关也会同相关部门制定实施细则，进一步规范了工作程序。2021年，最高人民检察院专门制发了犯罪记录封存样章，会同档案部门对未成年人案卷的归档、存放、封存加以进一步规范。上述各项措施保障了检察

环节的封存效果。

但同时我们也看到，虽然各部门内部均制定了较为完善的制度，但相互之间衔接不畅，个别规定甚至存在冲突，亟待在国家层面统一标准，因此，我们在专项调研基础上着手起草《实施办法》。起草过程中，我们确实发现很多问题，例如，刑事诉讼法规定“犯罪的时候不满 18 周岁，被判处五年有期徒刑以下刑罚的，应当对相关犯罪记录予以封存”，但对于何种材料属于“相关犯罪记录”并未明确。这导致司法实践中有些地方认为未成年人违法记录，如绝对不起诉、附条件不起诉、相对不起诉、宣告无罪、社区矫正、接受专门教育、行政处罚等不属于“犯罪记录”，因此不在封存范围，致使涉案未成年人前科劣迹材料泄露；有些地方认为犯罪记录仅限于判决、不起诉等终局处理结果，而强制措施记录、立案文书、侦查文书、刑罚执行文书等过程文书均不包含在封存范围内，导致有的案件在侦查、起诉环节各种信息资料已经不当泄漏，判决作出后再进行封存为时已晚。

《未成年人保护法》第一百零三条规定：“公安机关、人民检察院、人民法院、司法行政部门以及其他组织和个人不得披露有关案件中未成年人的姓名、影像、住所、就读学校以及其他可能识别出其身份的信息，但查找失踪、被拐卖未成年人等情形除外。”《预防未成年人犯罪法》第五十九条规定：“未成年人的犯罪记录依法被封存的，公安机关、人民检察院、人民法院和司法行政部门不得向任何单位或者个人提供，但司法机关因办案需要或者有关单位根据国家有关规定进行查询的除外。依法进行查询的单位和个人应当对相关记录信息予以保密。未成年人接受专门矫治教育、专门教育的记录，以及被行政处罚、采取刑事强制措施和不起诉的记录，适用前款规定。”因此，针对前述问题，《实施办法》第二条明确规定“应当封存的未成年人犯罪记录，包括侦查、起诉、审判及刑事执行过程中形成的有关未成年人犯罪或者涉嫌犯罪的全部案卷材料与电子档案信息”，第三条进一步规定“不予刑事处罚、不追究刑事责任、不起诉、采取刑事强制措施的记录，以及对涉罪未成年人进行社会调查、帮教考察、心理疏导、司法救助等工作的记录，按照本办法规定的内容和程序进行封存”。对封存范围作出这样的细化，既是考虑到此类可能影响、降低对涉案未成年人社会评价的相关记录被查询、泄露问题，在实践中确实存在并造成了严重不利影响，也是落实《未成年人保护法》《预防未成年人犯罪法》的具体举措。特别需要强调的是，鉴于线上系统缺乏对未成年人犯罪案件单独录入、管理及加密的设置，《实施办法》特别规定电子档案信息也应当封存，即第十条规定“对于电子信息系统中需要封存的未成年人犯罪记录数据，应当加设封存标记，未经法定查询程序，不得进行信息查询、共享及复用。封存的未成年人犯罪记录数据不得向外部平台提供或对接”。确保了对全部案卷材料封存到位。下一步，检察机关要认真履行好对犯罪记录封存工作的检察监督权，确保《实施办法》落地见效。

需要强调的是，未成年人身心未完全成熟，依法应当予以特殊优先保护，但实践中也要坚持宽严相济，对罪行较轻的，着力教育感化挽救；对涉嫌严重犯罪的，依法批捕起诉，刑期超过五年的，依法不予封存犯罪记录。

问：司法实践中，公安机关办理犯罪记录查询的事项较多。请问公安机关对下一步落实《实施办法》有什么考虑？

答：公安部历来高度重视犯罪记录查询工作。2021 年 12 月，在充分调研论证基础上，通过接入最高人民法院刑事判决数据，建成了“全国犯罪记录信息系统”，印发了《公安机关办理犯罪记录查询工作规定》（以下简称《规定》），明确犯罪记录以人民法院裁判文书为准，群众开具《无犯罪记录证明》实现“跨省通办”，在户籍地和居住地均可办理，切实为群众提供了便利。

在未成年人犯罪记录封存方面，《规定》第十条作出了专门规定，“对于个人查询，申请人有犯罪记录，但犯罪的时候不满十八周岁，被判处五年有期徒刑以下刑罚的，受理单位应当出具《无犯罪记录证明》。对于单位查询，被查询对象有犯罪记录，但犯罪的时候不满十八周岁，被判处五年有期徒刑以下刑罚的，受理单位应当出具《查询告知函》，并载明查询对象无犯罪记录。法律另有规定的，从其规定。"《实施办法》对犯罪记录的封存作出了进一步明确，并特别强调既要封存办案过程中形成的纸质材料，也要封存相关电子数据。各地公安机关将按照《实施办法》的要求，严格做到"应封尽封"。同时，《实施办法》还对涉案未成年人查询犯罪记录作出进一步细化，这是对《规定》的重要补充和完善，各地公安机关也将严格落实，切实帮助罪错未成年人顺利入学、就业、重新回归社会。

问：请问为保障法院环节对涉案未成年人信息的封存效果，《实施办法》作了哪些完善性规定？

答：犯罪记录封存制度是教育挽救犯有较轻罪行的失足未成年人的一项重要法律制度，其功能和意义在于，尽可能降低轻罪前科对未成年人回归社会的影响，促使其悔过自新、重回正轨。一直以来，人民法院高度重视未成年人司法保护工作，认真贯彻落实犯罪记录封存制度。但是，由于《刑事诉讼法》的规定相对较为原则，对犯罪记录封存制度的一些具体操作问题在实践中尚存在不同认识。经过深入调研论证，《实施办法》对有关问题作出了统一、明确的规定。一是明确了 18 周岁前后实施数个犯罪的犯罪记录封存问题。即在年满 18 周岁前后实施数个行为，构成一罪或者一并处理的数罪，主要犯罪行为是在年满 18 岁周岁前实施的，被判处或者决定执行五年有期徒刑以下刑罚以及免予刑事处罚的未成年人犯罪记录，应当对全案依法予以封存。二是明确了未成年人与成年人共同犯罪的犯罪记录封存问题。根据是否分案办理分别作出了明确具体规定：如果分案处理，在封存未成年人案卷材料和信息的同时，应当在未封存的成年人卷宗封面标注"含犯罪记录封存信息"等明显标识，并对相关信息采取必要保密措施；如果未分案处理，应当在全案卷宗封面标注"含犯罪记录封存信息"等明显标识，并对相关信息采取必要保密措施。三是对成年后又实施故意犯罪应当如何处理封存的犯罪记录问题作出明确规定。对于被封存犯罪记录的未成年人，成年后再故意犯罪，综合考虑犯罪记录封存制度设立的目的、被告人前罪的改造情况、后罪的主观恶性等因素，《实施办法》明确规定，人民法院应当在裁判文书中载明其之前的犯罪记录。

《实施办法》的出台，必将有助于犯罪记录封存制度更加全面、准确的贯彻实施，有助于该项制度重要功能的充分发挥。

问：刑事执行环节是未成年人犯罪记录封存的重要环节，请问司法部对在刑事执行环节贯彻落实《实施办法》有什么考虑？

答：未成年人犯罪记录封存制度是刑事司法保护未成年人合法权益的一项重要制度。一直以来，司法部高度重视对犯罪未成年人隐私和信息保护工作，严格执行《刑事诉讼法》《社区矫正法》等相关法律法规，认真做好未成年人犯罪记录封存相关工作，为守护未成年人健康成长创造了良好法治环境。

为进一步规范刑事执行中未成年人犯罪记录封存工作，下一步，司法部将指导各地司法行政机关认真学习贯彻落实《实施办法》，组织开展相关宣传和培训，加强与公、检、法等部门之间衔接配合，规范工作程序，确保未成年罪犯的合法权益得到切实保障。主要做好以下三方面工作：一是及时全面做好犯罪记录封存。《实施办法》第十三条对刑事执行中犯罪记录封存内容和封存时限等作出明确规定，即“对于被判处管制、宣告缓刑、假释或者暂予监外执行的未成年罪犯，依法实行社区矫正，执行地社区矫正机构应当在刑事执行完毕后三日内将涉案未成年人的犯罪记录封存”。司法部将指导各地司法行政机关贯彻及时、有效原则，将刑事执行过程中形成的有关未成年人犯罪的全部卷宗材料与电子档案信息依法及时封存，建立健全严格的保管制度，确保封存效果到位。二是严格依法办理封存犯罪记录查询。《实施办法》对封存犯罪记录查询主体、程序及出具证明的形式等作出详细规定，司法部将指导各地司法行政机关严格审核查询理由、依据和使用范围的合法性，严格按照法定程序办理相关查询工作，严格要求保密承诺书签订，依法在法定时限内出具犯罪记录证明，确保未成年人权益保护到位。三是强化保密措施和保密责任的落实。《实施办法》对犯罪记录封存的保密措施和保密责任作出明确规定，司法部将指导各地司法行政机关依法落实犯罪记录封存相关卷宗材料的保密管理、电子档案信息的加密保存，严格落实相关工作人员的保密要求，建立健全责任体系，对不当泄露未成年人犯罪记录或者隐私、信息的，依法严肃追究相关人员责任，确保保密责任到位。

国家烟草专卖局

电子烟管理办法

2022 年 3 月 11 日　　　　国家烟草专卖局公告 2022 年第 1 号

第一章　总　　则

第一条　为加强电子烟管理，规范电子烟市场秩序，根据《中华人民共和国烟草专卖法》《中华人民共和国未成年人保护法》《中华人民共和国烟草专卖法实施条例》等法律法规，制定本办法。

第二条　在中华人民共和国境内从事电子烟生产经营和进行监督管理活动，适用本办法。

第三条　本办法所称电子烟包括烟弹、烟具以及烟弹与烟具组合销售的产品等。

第四条　国务院烟草专卖行政主管部门主管全国电子烟监督管理工作，负责制定并组织实施电子烟产业政策等。省、自治区、直辖市烟草专卖行政主管部门负责落实相关产业政策，主管本行政区内的电子烟监督管理工作。设有烟草专卖行政主管部门的市、县，由市、县烟草专卖行政主管部门主管本行政区内的电子烟监督管理工作。

第五条　电子烟产品应当符合电子烟强制性国家标准。

电子烟生产经营主体应当诚实守信，依法开展生产经营活动。

第六条 国家和社会加强吸电子烟危害健康的宣传教育，劝阻青少年吸电子烟，禁止中小学生吸电子烟。

第二章　生产与质量管理

第七条 国务院烟草专卖行政主管部门应当组织专业机构根据检验检测报告等申请材料对电子烟产品进行技术审评。

国务院烟草专卖行政主管部门认证的电子烟检验检测机构，承担监督管理所需的检验、检测、监测与评价等工作。

烟草专卖行政主管部门建立电子烟抽检抽测制度，定期或者不定期地对取得许可证的企业、个人及其产品进行检查或检验。

第八条 设立电子烟生产企业（含产品生产、代加工、品牌持有企业等，下同）、雾化物生产企业和电子烟用烟碱生产企业等，应当报经国务院烟草专卖行政主管部门审查同意后，方可按照国家有关规定批准立项。上述企业设立必须经国务院烟草专卖行政主管部门批准，取得烟草专卖生产企业许可证，并经市场监督管理部门核准登记；其分立、合并、撤销，必须经国务院烟草专卖行政主管部门批准，并向市场监督管理部门办理相关登记手续。未取得烟草专卖生产企业许可证的，市场监督管理部门不予核准登记。

前款规定的企业首次公开发行股票并上市应当报经国务院烟草专卖行政主管部门审查同意。

第九条 从事电子烟产品、雾化物、电子烟用烟碱等生产经营活动，取得烟草专卖生产企业许可证，应当具备下列条件：

（一）有与生产相适应的资金；

（二）有生产所需技术和设备条件；

（三）符合国家电子烟产业政策要求；

（四）国务院烟草专卖行政主管部门规定的其他条件。

上述生产企业需要经其他有关部门许可的，还应当取得相应许可。

电子烟品牌持有企业申请办理烟草专卖生产企业许可证的，除应当具备第一款第一项、第三项、第四项规定的条件外，还应当提交有关电子烟委托经营协议等申请材料。

申请人应当对其申请材料内容的合法性、真实性、完整性负责。

第十条 持有烟草专卖生产企业许可证的电子烟经营主体改变许可范围或者具有国务院烟草专卖行政主管部门规定的其他情形的，应当重新申领烟草专卖许可证；其他登记事项发生改变的，应当及时变更烟草专卖许可证。

第十一条 电子烟生产企业、雾化物生产企业和电子烟用烟碱生产企业等为扩大生产能力进行基本建设或者技术改造，必须经国务院烟草专卖行政主管部门批准。

第十二条 电子烟产品生产企业、电子烟品牌持有企业、雾化物生产企业和电子烟用烟碱生产企业等所用的烟叶（包括再造烟叶和烟梗，下同）、复烤烟叶、烟丝等烟草专卖品应当从有烟叶、复烤烟叶、烟丝等经营权的烟草企业购进，不得非法购进烟叶、复烤烟叶、烟丝等烟草专卖品以及烟草废弃物。国务院烟草专卖行政主管部门下达烟叶、复烤烟叶、烟丝等烟草专卖品的购销计划。

第十三条 电子烟产品应当使用注册商标，使用和管理适用烟草制品商标使用管理规定。

第十四条 电子烟产品应当符合电子烟产品包装标识和警语的相关规定。

第十五条 从事电子烟生产经营活动的，应当建立产品质量保证体系，对其产品质量负责。

委托生产电子烟产品的，电子烟品牌持有企业应当对所委托生产的电子烟产品质量负责，并加强对受托代加工企业生产行为的管理，保证其按照法定要求进行生产。

第十六条 国务院烟草专卖行政主管部门应当建立统一的电子烟产品追溯制度，以加强对电子烟的全流程管理。

第三章　销售管理

第十七条　取得烟草专卖批发企业许可证的企业，应当经烟草专卖行政主管部门批准，变更许可范围后方可从事电子烟产品批发业务。

第十八条　从事电子烟零售业务，应当依法向烟草专卖行政主管部门申请领取烟草专卖零售许可证或者变更许可范围。

取得烟草专卖零售许可证从事电子烟零售业务，应当具备下列条件：

（一）有与经营电子烟零售业务相适应的资金；

（二）有与住所相独立的固定经营场所；

（三）符合当地电子烟零售点合理布局的要求；

（四）国务院烟草专卖行政主管部门规定的其他条件。

普通中小学、特殊教育学校、中等职业学校、专门学校、幼儿园周边不得设置电子烟产品销售网点。

第十九条　国务院烟草专卖行政主管部门建立全国统一的电子烟交易管理平台。

依法取得烟草专卖许可证的电子烟生产企业、雾化物生产企业、电子烟用烟碱生产企业、电子烟批发企业、电子烟零售经营主体等应当通过电子烟交易管理平台进行交易。

未通过技术审评的电子烟产品，不得上市销售。上市销售的电子烟产品与通过技术审评的产品信息应当保持一致。

第二十条　依法取得烟草专卖许可证的电子烟产品生产企业、电子烟品牌持有企业等应当通过电子烟交易管理平台将电子烟产品销售给电子烟批发企业。

电子烟批发企业不得向不具备从事电子烟零售业务资格的单位或者个人提供电子烟产品。

取得烟草专卖零售许可证具备从事电子烟零售业务资格的企业或者个人应当在当地电子烟批发企业购进电子烟产品，并不得排他性经营上市销售的电子烟产品。

第二十一条 电子烟广告的监督管理适用有关法律法规、规章中关于烟草广告的规定。

禁止举办各种形式推介电子烟产品的展会、论坛、博览会等。

第二十二条 禁止向未成年人出售电子烟产品。电子烟经营者应当在显著位置设置不向未成年人销售电子烟的标志；对难以判明是否是未成年人的，应当要求其出示身份证件。

第二十三条 禁止利用自动售货机等自助售卖方式销售或者变相销售电子烟产品。

任何个人、法人或者其他组织不得通过本办法规定的电子烟交易管理平台以外的信息网络销售电子烟产品、雾化物和电子烟用烟碱等。

第二十四条 电子烟产品、雾化物、电子烟用烟碱等的运输，应当接受烟草专卖行政主管部门的监管。

寄递、异地携带电子烟产品、雾化物、电子烟用烟碱等实行限量管理，不得超过国务院有关主管部门规定的限量。

第二十五条 个人进入中国境内携带电子烟产品实行限量管理，不得超过国务院有关主管部门规定的限量。

第二十六条 禁止销售除烟草口味外的调味电子烟和可自行添加雾化物的电子烟。

第四章 进出口贸易和对外经济技术合作

第二十七条 国务院烟草专卖行政主管部门对电子烟的进出口贸易和对外经济技术合作依法进行监督管理。

第二十八条 持有烟草专卖批发企业许可证的企业，经国务院烟草专卖行政主管部门批准，变更许可范围后，方可从事进口产品的批发业务。

第二十九条 进口电子烟产品、雾化物和电子烟用烟碱等，应当向国务院烟草专卖行政主管部门提报需求，并符合国家有关规定。

进口的电子烟产品、雾化物和电子烟用烟碱等应当通过本办法规定的电子烟交易管理平台销售给电子烟批发企业、电子烟产品生产企业和电子烟品牌持有企业。

在中国境内销售的进口电子烟产品，应当通过技术审评，并使用在中国核准注册的商标。

第三十条 进口电子烟产品应按国家有关规定实施商品检验。

第三十一条 进口的电子烟产品应当在包装上标注国务院烟草专卖行政主管部门规定的字样。

第三十二条 专供出口的电子烟产品的包装应当符合国务院烟草专卖行政主管部门规定的要求。

第三十三条 不在中国境内销售、仅用于出口的电子烟产品，应当符合目的地国家或地区的法律法规和标准要求；目的地国家或地区没有相关法律法规和标准要求的，应当符合我国的法律法规和标准相关要求。

第五章 监督检查

第三十四条 烟草专卖行政主管部门依法对执行本办法的情况进行监督、检查，查处违反本办法的案件，并会同有关部门查处生产、销售伪劣电子烟产品、雾化物和电子烟用烟碱等及侵犯知识产权、非法经营、走私等行为。

烟草专卖行政主管部门或者烟草专卖行政主管部门会同有关部门，可以依法对非法运输电子烟产品、雾化物和电子烟用烟碱等的活动进行检查、处理。

第三十五条 烟草专卖行政主管部门查处违反本办法的案件时，可以行使下列职权：

（一）询问违法案件的当事人、嫌疑人和证人；

（二）检查违法案件当事人的经营场所，依法对违法生产或者经营的电子烟产品、雾化物和电子烟用烟碱等进行处理；

（三）查阅、复制与违法活动有关的合同、发票、账册、单据、记录、文件、业务函电和其他资料。

第三十六条 对违反本办法的个人、法人和其他组织，烟草专卖行政主管部门可采取监管谈话，中止平台交易资格，责令暂停生产经营业务、进行整顿，直至依法取消其从事电子烟产品、雾化物和电子烟用烟碱等生产经营业务资格等措施。

第三十七条 烟草专卖行政主管部门建立信用管理制度，将失信市场主体列为重点监督检查对象，加强监管，同时将失信信息纳入全国信用信息共享平台和国家企业信用信息公示系统，依法予以公示。

第三十八条 电子烟的产品质量监督检验和假冒注册商标电子烟产品、伪劣电子烟产品等的鉴别检测工作，由国务院烟草专卖行政主管部门认证的电子烟检验检测机构或由符合法律规定的电子烟检验检测机构进行。

第三十九条 对检举非法生产、销售电子烟产品、雾化物和电子烟用烟碱等案件有功的单位和个人，给予奖励。

第六章　附　　则

第四十条 本办法所称的烟弹是指含有雾化物等的电子烟组件；烟具包括电子烟烟具、加热卷烟烟具和用于其他新型烟草制品的烟具，电子烟烟具是指将烟液等通过雾化等方式供人抽吸、吸吮、咀嚼或者鼻吸等的装置；烟弹与烟具组合销售的产品包括一次性电子烟、按照国家有关标准在一个包装单元内销售的电子烟产品等；雾化物是指可被电子装置等全部或部分雾化为气溶胶的混合物及辅助物质。

第四十一条 本办法中经营主体取得或变更相关许可事项，应依法向市场监督管理部门办理有关登记手续。

第四十二条 违反本办法的，由烟草专卖行政主管部门等部门按照职责分工依据《中华人民共和国烟草专卖法》《中华人民共和国未成年人保护法》《中华人民共和国烟草专卖法实施条例》等法律法规中有关法律责任的规定处罚。

第四十三条 加热卷烟纳入卷烟管理。

其他新型烟草制品按照本办法有关规定执行。

第四十四条 本办法由国务院烟草专卖行政主管部门负责解释。

第四十五条 本办法自 2022 年 5 月 1 日起施行。

未成年人检察工作白皮书（2021）

（2022 年 6 月 1 日最高人民检察院发布）

目　录

前　言

2021 年，是党和国家历史上具有里程碑意义的一年。在以习近平同志为核心的党中央坚强领导下，“两个一百年”奋斗目标历史交汇，全面建设社会主义现代化国家开启新的征程。2021 年，也是未成年人保护发展史上值得铭记的一年，新修订的《未成年人保护法》《预防未成年人犯罪法》（以下简称“两法”）正式施行，最有利于未成年人的原则深入人心，家庭、学校、社会、网络、政府、司法“六大保护”联袂发力；

国务院成立未成年人保护工作领导小组，加强对未成年人保护工作统筹协调和督促指导；《刑法修正案（十一）》施行，低龄顽劣的“熊孩子”被戴上“紧箍咒”，特殊职责人员性侵未成年人“罪加一等”，宽严相济的刑事政策更加直观鲜明；《家庭教育促进法》通过，依“法”带娃成为流行语，接受家庭教育指导成为“甩手家长”的必修课，更加注重家庭、家教、家风成为公民的自觉行动。这一年，未成年人保护网织得更严更密、工作成效更加彰显，但是也要清醒看到，随着经济社会发展，未成年人保护面临更加严峻复杂的形势，侵害未成年人犯罪数量持续上升，未成年人犯罪有所抬头，家庭监护缺位比较突出，网络对未成年人的影响巨大，未成年人健康成长的社会环境亟待优化，等等，未成年人保护依然任重道远。

2021年，全国检察机关坚持以习近平法治思想为指引，认真贯彻《中共中央关于加强新时代检察机关法律监督工作的意见》（中发〔2021〕28号），进一步强化未成年人司法保护，完善专业化与社会化相结合的保护体系，从服务保障党和国家事业永续发展的高度，狠抓未成年人保护“两法”落实，用心用情守护未成年人健康成长。我们努力做好双向保护工作，既教育挽救涉罪未成年人又关爱救助未成年被害人，针对侵害未成年人犯罪发现难、发现晚等问题，推动侵害未成年人案件强制报告、性侵违法犯罪入职查询制度落地见效；深化综合司法保护，全面推行未成年人检察业务统一集中办理工作，针对家庭监护缺位问题，创设推广“督促监护令”制度，融合推进刑事、民事、行政、公益诉讼“四大检察”职能；以检察履职主动融入其他“五大保护”，部署开展“检爱同行，共护未来”未成年人保护法律监督专项行动，与全国妇联、中国关工委部署在办理涉未成年人案件中开展家庭教育指导工作，与教育部共同制定检察官担任法治副校长工作规定，针对校园安全问题抓好最高人民检察院向教育部制发的“一号检察建议”监督落实，与共青团中央在80个地区开展未成年人检察工作社会支持体系示范建设，向相关部门通报涉未成年人网络保护公益诉讼案件情况促进网络空间治理，全国政协双周协商座谈会专题听取检察机关未成年人司法保护工作情况汇报并给予充分肯定，未成年人检察工作努力“致广大而尽精微”，在过去一年迈出坚实步伐，取得新的进展。

为更加直观呈现过去一年未成年人检察工作，深化对未成年人检察工作发展规律的认识，更加自觉承担未成年人保护的检察责任，主动接受社会监督，我们总结 2021 年工作，形成《未成年人检察工作白皮书（2021）》。白皮书对涉未成年人“四大检察”业务数据背后反映的情况、问题进行分析，重点研判 2017 年以来特别是 2021 年涉未成年人案件特点、情况，对检察机关加强双向保护、综合司法保护、主动融入其他“五大保护”以及开展法治宣传教育、加强专业化规范化建设等进行简要总结，梳理对未成年人检察及司法保护工作具有一定影响和意义的案事件、典型做法、创新机制，以便社会公众更加全面、直观了解未成年人检察工作，助力、参与未成年人检察工作，支持、监督未成年人检察工作。

未成年人保护是一项系统工程，需要全社会共同努力。在“六一”国际儿童节来临和修订后“两法”施行一周年之际，现将白皮书予以发布，期冀通过检察履职，进一步促进司法保护与“家庭、学校、社会、网络、政府”五大保护相融与共、整体落实，真正实现“1+5>6=实”，更好凝聚共识、形成合力，共同守护祖国的未来健康成长！

一、未成年人检察办案数据分析

为强化对未成年人的综合司法保护，2021 年未成年人检察业务统一集中办理工作在全国检察机关全面推开，涉及未成年人的刑事、民事、行政、公益诉讼检察职能由未检部门或未检办案组统一行使，未成年人“四大检察”综合司法保护格局初步形成。

（一）未成年人刑事检察情况

2021 年，全国检察机关共受理审查逮捕未成年犯罪嫌疑人 55379 人，受理审查起诉73998人，经审查，批准逮捕27208人，不批准逮捕27673人；提起公诉35228人（含附条件不起诉考验期满后起诉人数），不起诉22585人（含附条件不起诉考验期满后不起诉人数），附条件不起诉19783人，不捕率、不诉率、附条件不起诉率分别为50.4%、39.1%、29.7%。2021年，全国检察机关共批准逮捕侵害未成年犯罪嫌疑人45827人，提起公诉60553人。

1. 未成年人犯罪情况

（1）未成年人犯罪数量出现反弹。2017年至2021年，检察机关受理审查逮捕未成年犯罪嫌疑人数分别为42413人、44901人、48275人、37681人、55379人，受理审查起诉未成年犯罪嫌疑人数分别为59593人、58307人、61295人、54954人、73998人。2021年受理审查逮捕、受理审查起诉人数较2017年分别上升30.6%、24.2%（见图1）。

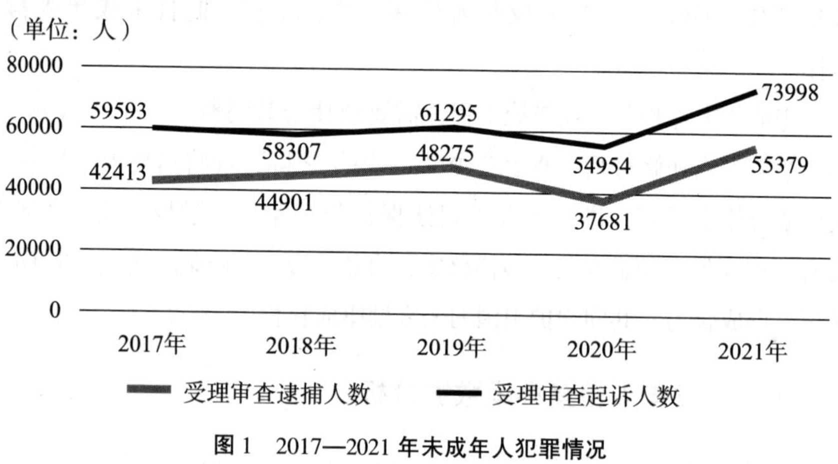

图1　2017—2021年未成年人犯罪情况

（2）五类主要犯罪占比超三分之二。2021年检察机关受理审查起诉未成年犯罪嫌疑人数居前五位的分别是盗窃罪19061人、聚众斗殴罪9049人、强奸罪7591人、抢劫罪7186人、寻衅滋事罪6902人，分别占受理审查起诉人数的25.8%、12.2%、10.3%、9.7%、9.3%，五类犯罪人数共49789人，占比达67.3%（见图2）。

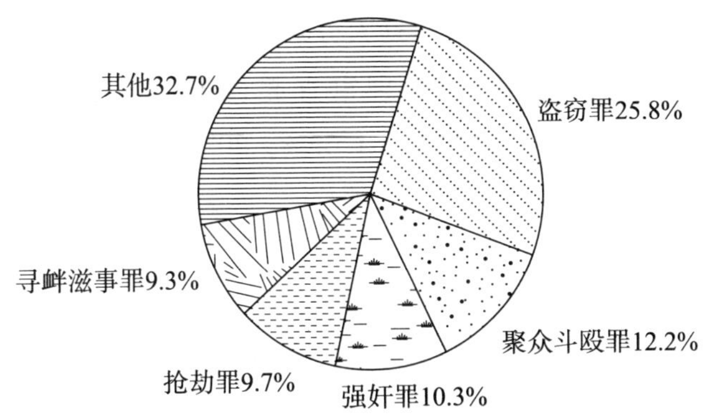

图 2　2021 年受理审查起诉未成年人犯罪主要罪名分布情况

（3）未成年人涉嫌严重暴力犯罪占比稳中有降。2017 年至 2021 年，检察机关受理审查起诉未成年人涉嫌故意杀人、故意伤害致人重伤或死亡、强奸、抢劫、贩卖毒品、放火、爆炸、投毒等八种严重暴力犯罪（因统计口径关系，将全部故意伤害、走私贩卖运输制造毒品犯罪均统计在内）分别为 19954 人、17936 人、18172 人、15736 人、21087 人，占全部犯罪人数的比例分别为 33. 48%、30. 76%、29. 65%、28. 63%、28. 49%，2021 年较 2017 年下降 4. 99 个百分点（见图 3）。

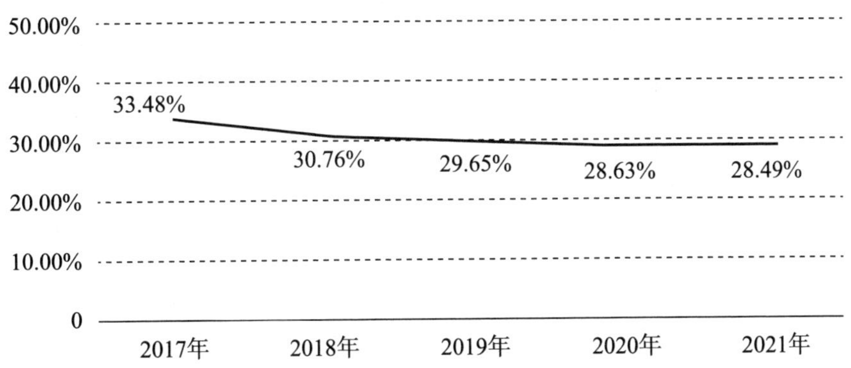

图 3　2017—2021 年受理审查起诉未成年人严重暴力犯罪占比情况

（4）未成年人毒品犯罪占比持续下降。2017 年至 2021 年，检察机关受理审查起诉未成年毒品犯罪嫌疑人分别为 2003 人、1504 人、1201 人、942 人、978 人，分别占同期受理审查起诉未成年犯罪嫌疑人数的 3.36%、2.58%、1.96%、1.71%、1.32%，2021 年较 2017 年人数下降 50.67%（见图 4）。

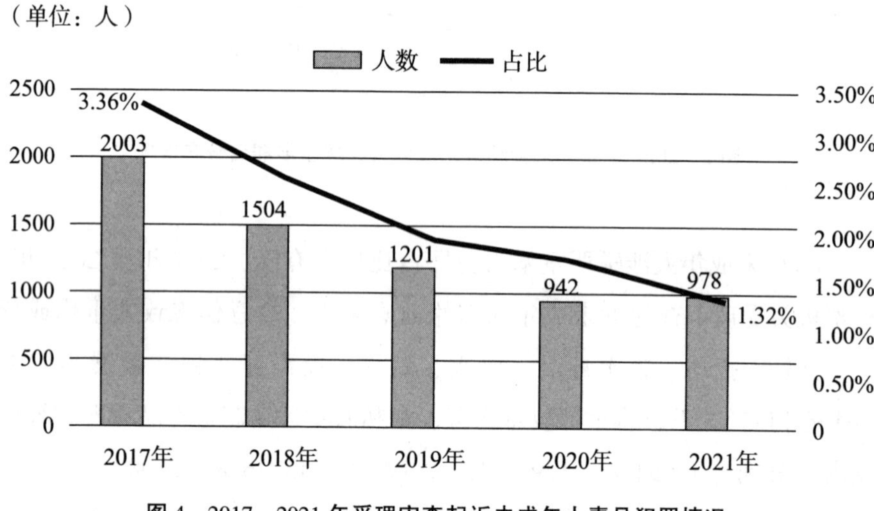

图 4　2017—2021 年受理审查起诉未成年人毒品犯罪情况

（5）校园欺凌和暴力犯罪数量继续下降。2017 年至 2021 年，检察机关批准逮捕校园欺凌和暴力犯罪人数分别为 4157 人、2785 人、1667 人、583 人、581 人，提起公诉人数分别为 5926 人、4590 人、2914 人、1341 人、1062 人，呈逐年下降趋势。2021 年批捕、起诉人数分别较 2017 年下降 86.02%、82.08%（见图 5）。

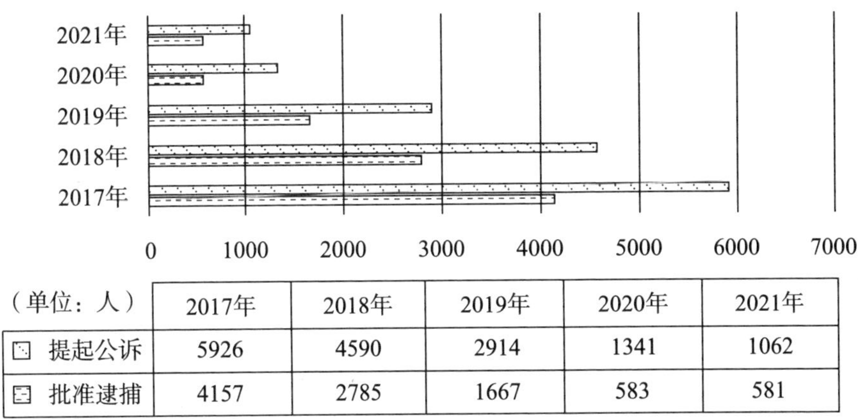

（单位：人）	2017年	2018年	2019年	2020年	2021年
提起公诉	5926	4590	2914	1341	1062
批准逮捕	4157	2785	1667	583	581

图 5　2017—2021 年校园欺凌和暴力犯罪情况

（6）未成年人重新犯罪率有所下降。2017 年至 2021 年，检察机关受理审查起诉未成年人中曾受过刑事处罚的分别为 1938 人、2054 人、2349 人、2092 人、2197 人，分别占同期受理审查起诉未成年人总数的 3.25%、3.52%、3.83%、3.83%、2.97%，反映对涉罪未成年人的教育挽救效果有所提升（见图 6）。

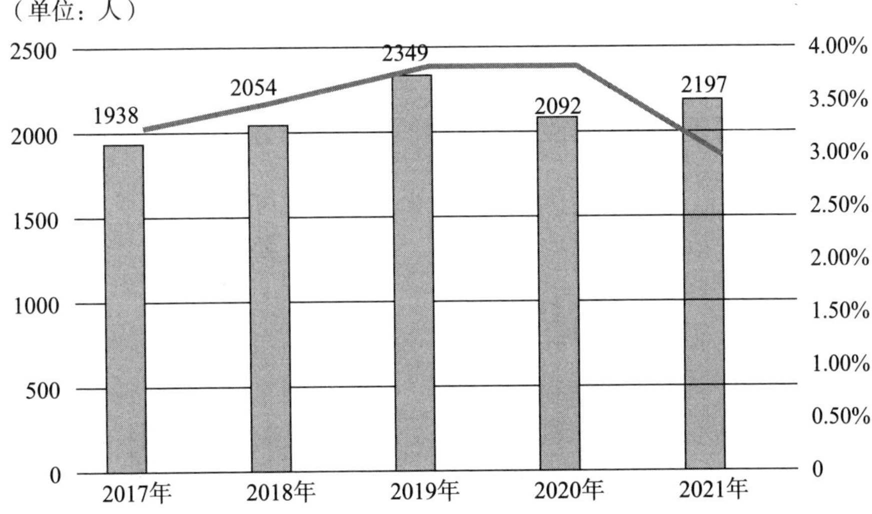

图 6　2017—2021 年未成年人重新犯罪情况

（7）未成年人犯罪呈现低龄化趋势。2017 年至 2021 年，检察机关受理审查起诉 14 周岁至 16 周岁未成年犯罪嫌疑人数分别为 5189 人、4695 人、5445 人、5259 人、8169 人，分别占受理审查起诉未成年人犯罪总数的 8.71%、8.05%、8.88%、9.57%、11.04%。从犯罪人数看，2021 年较 2017 年增加 2980 人，增幅达 57.4%（见图 7）。

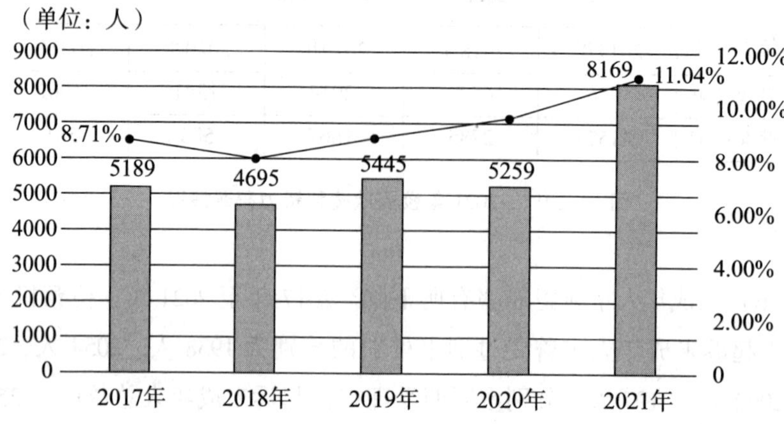

图 7　2017—2021 年受理审查起诉 14 周岁至 16 周岁未成年犯罪嫌疑人情况

（8）未成年人涉电信网络犯罪上升较快。2019 年、2020 年、2021 年检察机关分别起诉未成年人涉嫌利用电信网络犯罪 2130 人、2932 人、3555 人，同比分别上升 37.65%、21.25%。其中，未成年人涉嫌帮助信息网络犯罪活动罪明显上升，2020 年起诉 130 人、2021 年起诉 911 人，同比上升 6 倍（见图 8）。

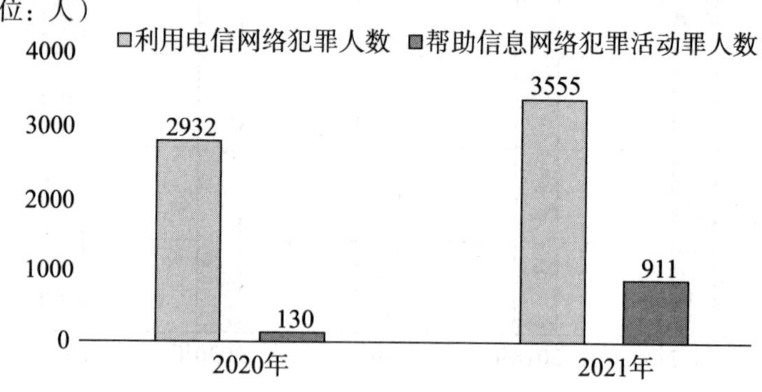

图 8　2020—2021 年起诉未成年人涉嫌电信网络犯罪情况

2. 未成年人特殊保护和司法政策落实情况

（1）未成年人犯罪不捕率首次过半。2017 年至 2021 年，检察机关对未成年犯罪嫌疑人依法不批准逮捕 14223 人、15205 人、16549 人、14709 人、27673 人，不捕率分别为 33.59%、34.13%、34.43%、39.1%、50.4%，2021 年不捕人数首次超过了批准逮捕人数，不捕率同比增加 11.3 个百分点。从不捕原因看，2021 年因无社会危险性不捕 20720 人，占不捕人数的 74.88%，较 2020 年增加 4.07 个百分点。

（2）未成年人犯罪不诉率持续上升。2017 年至 2021 年，检察机关分别对未成年犯罪嫌疑人不起诉 10114 人、11865 人、13752 人、16062 人、22585 人，不起诉率分别是 18.84%、22.99%、24.13%、32.59%、39.1%，2021 年不诉率同比增加 6.5 个百分点。

（3）未成年人犯罪附条件不起诉率大幅上升。2017 年至 2021 年，检察机关对未成年犯罪嫌疑人附条件不起诉分别为 5681 人、6624 人、7463 人、11376 人、19783 人，同期附条件不起诉率分别为 10.06%、12.15%、12.51%、20.87%、29.70%。同时，附条件不起诉考验期间因违反相关规定或者重新犯罪等被提起公诉人数维持在较低水平，分别为 134 人、183 人、233 人、286 人、594 人，2021 年被撤销附条件不起诉提起公诉人数占附条件不起诉总数的 3%，与往年基本持平，反映随着附条件不起诉制度适用人数逐步增加，运行情况良好（见图 9）。

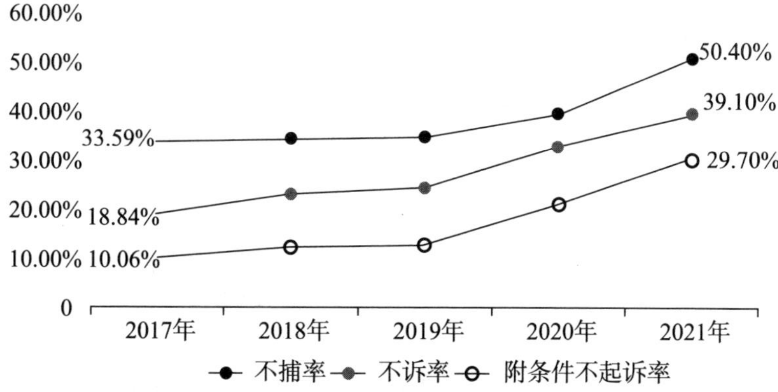

图 9　2017—2021 年未成年人犯罪不捕率、不诉率、附条件不起诉率

（4）未成年人犯罪案件认罪认罚从宽制度适用率高。2021 年，检察机关对未成年人犯罪案件适用认罪认罚从宽制度 61403 人，适用率为 94.1%，同比增加 1.47 个百分点，高于同期刑事犯罪整体适用率 4.7 个百分点，反映出认罪认罚从宽制度与未成年人司法理念高度契合，在未成年人犯罪案件中适用情况更好（见图 10）。

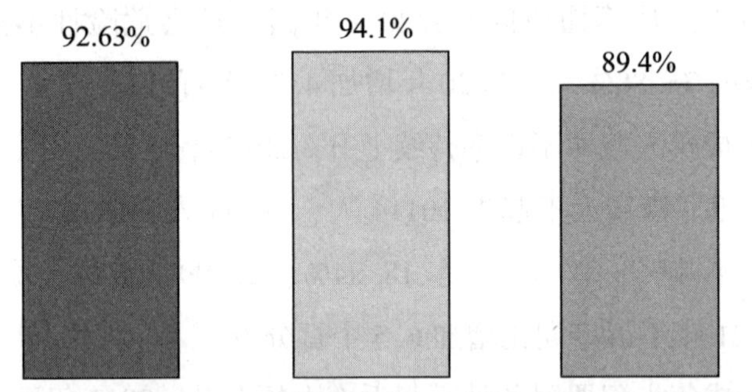

图 10　认罪认罚从宽制度适用率

（5）确定刑量刑建议适用率、采纳率高。2021 年检察机关针对未成年人犯罪提出量刑建议 27874 人，其中确定刑量刑建议 23635 人、幅度刑量刑建议 4239 人，分别占 84.79%、15.21%。量刑建议被采纳 26483 人，采纳率为 95.01%，其中确定刑、幅度刑量刑建议分别采纳 22640 人、3843 人，采纳率分别为 95.79% 和 90.66%，分别较 2020 年增加 1.56、1.31 个百分点（见图 11、图 12）。

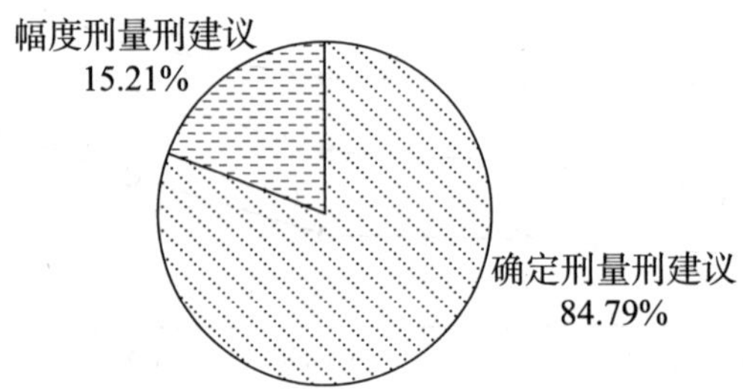

图 11　2021 年未成年人犯罪案件提出量刑建议情况

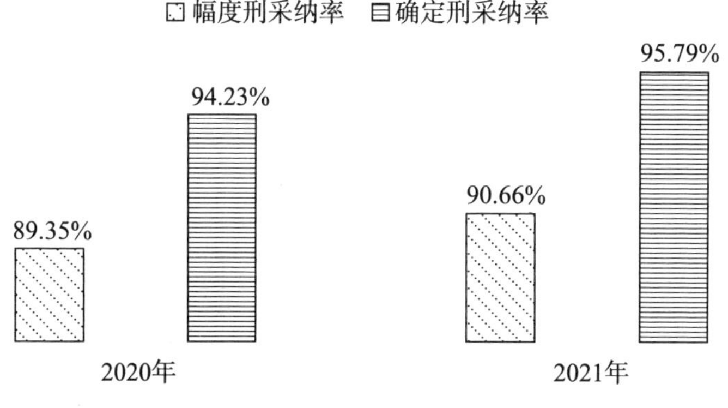

图 12　2020—2021 年量刑建议采纳率

（6）未成年人刑事执行检察监督力度加大。2021 年，检察机关共对 20045 名涉罪未成年人开展羁押必要性审查，同比上升 3.8 倍。审查起诉阶段直接释放或者变更强制措施 2689 人，侦查阶段提出释放或变更强制措施建议被采纳 1421 人，审判阶段提出释放或变更强制措施建议被采纳 352 人。

共针对看守所监管未成年人活动提出检察建议 208 件，同比上升 89.09%；纠正违法 2042 件，同比上升 11.2 倍；纠正混管混押 2743 人，同比上升 4.8 倍。

共针对未成年犯管教所监管活动提出检察建议 18 件，同比上升 38.46%；纠正减刑、假释、暂予监外执行不当 357 人。

共针对未成年人社区矫正活动纠正脱管漏管 203 人，同比上升 3.1 倍；纠正收监执行不当 86 人，同比上升 5.6 倍；纠正与成年犯混合执行社区矫正 305 人（见图 13）。

3. 侵害未成年人犯罪情况

（1）侵害未成年人犯罪总体呈上升趋势。2017 年至 2021 年，检察机关批准逮捕侵害未成年人犯罪分别为 33790 人、40005 人、47563 人、38854 人、45827 人，同期提起公诉 47466 人、50705 人、62948 人、57295 人、60553 人，2021 年分别较 2017 年上升 35.62%、27.57%（见图 14）。

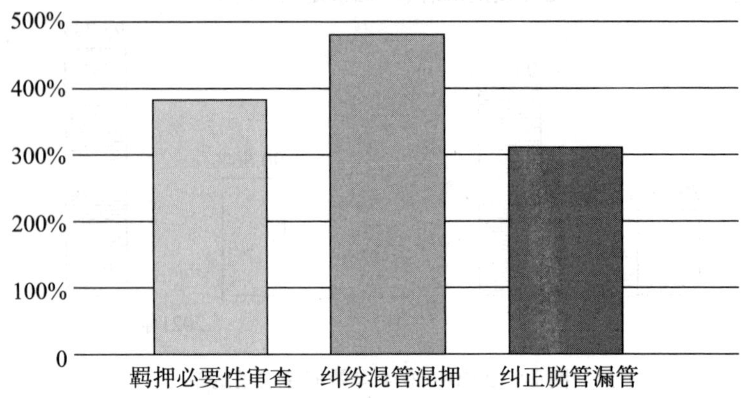

图 13　2021 年未成年人刑事执行检察工作增长态势

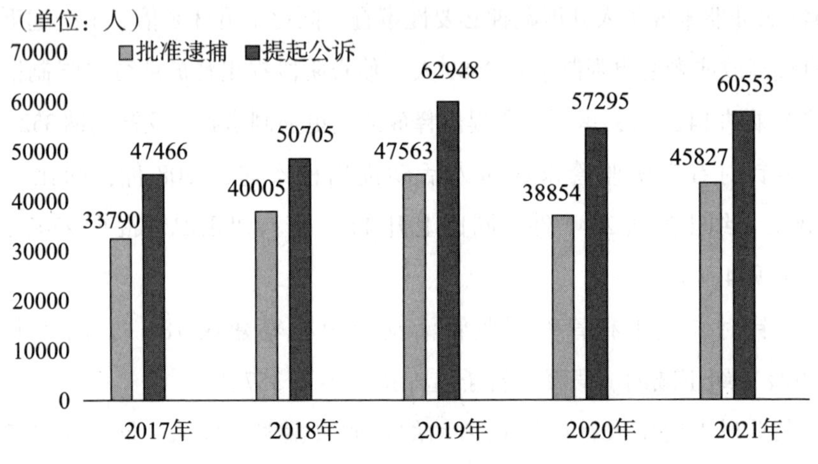

图 14　2017—2021 年侵害未成年人犯罪情况

（2）拐卖妇女儿童犯罪呈下降趋势。2012 年至 2021 年，检察机关起诉拐卖妇女儿童犯罪分别为 3699 人、2395 人、2038 人、1598 人、1483 人、1394 人、1322 人、1247 人、789 人、1135 人，2021 年较 2012 年下降 69. 32%，年均下降 12. 3%。同期起诉收买被拐卖的妇女儿童犯罪分别为 189 人、202 人、163 人、184 人、337 人、506 人、393 人、406 人、276 人、328 人，2021 年较 2012 年上升 73. 54%，年均上升 6. 3%（见图 15）。

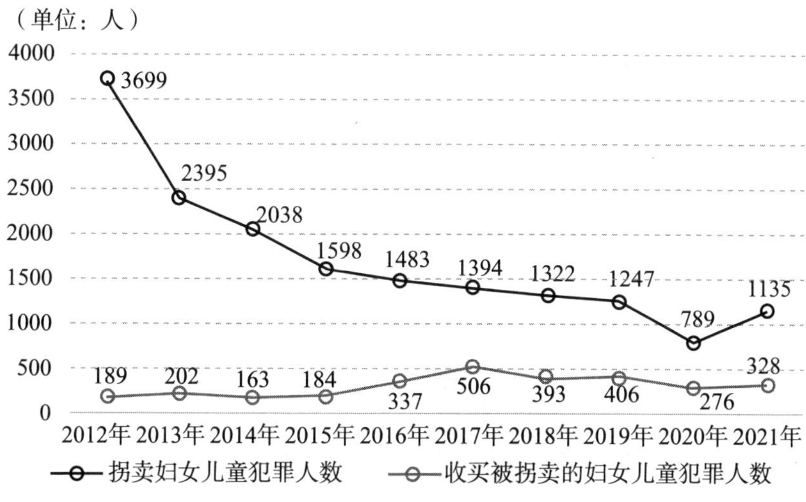

图 15　2012—2021 年起诉拐卖妇女儿童相关犯罪情况

（3）性侵未成年人犯罪增幅趋于平缓。2021 年，检察机关起诉强奸未成年人犯罪 17917 人，同比上升 16.61%，增幅为近四年来最低。同期，起诉猥亵儿童犯罪 7767 人，同比上升 32.09%，起诉强制猥亵、侮辱未成年人犯罪 2167 人（见图 16）。

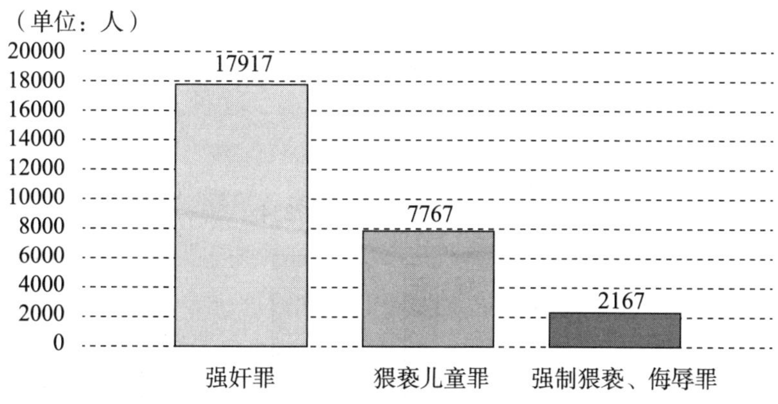

图 16　2021 年起诉性侵未成年人犯罪情况

（4）侵害未成年人犯罪类型更加集中。2021 年，检察机关对侵害未成年人犯罪提起公诉人数居前六位的分别是强奸罪、猥亵儿童罪、寻衅滋事罪、抢劫罪、交通肇事罪、盗窃罪，以上六类犯罪共计 40612 人，占提起公诉人数的 67%，较 2020 年增长 4.64 个百分点（见图 17）。

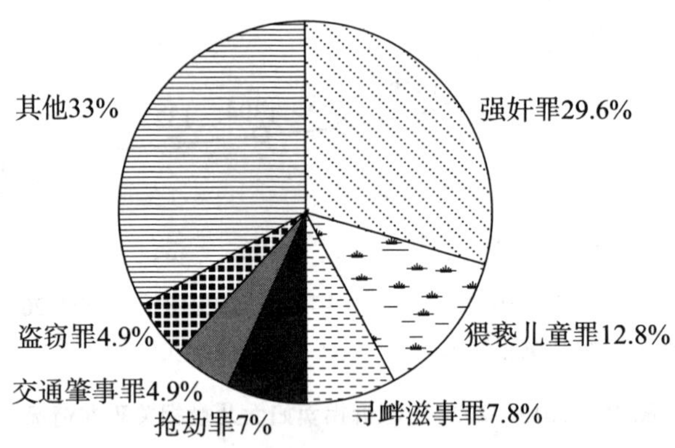

图 17　2021 年起诉侵害未成年人犯罪主要罪名分布情况

（5）不满 14 周岁未成年受害人占比超过一半。2017 年至 2021 年，检察机关起诉侵害不满 14 周岁未成年人犯罪人数分别为 19717 人、21013 人、25723 人、27234 人、31213 人，同比分别上升 6.6%、22.4%、5.9%、14.6%，占侵害未成年人犯罪人数的比例分别为 41.54%、41.44%、40.86%、47.53%、51.55%（见图 18）。

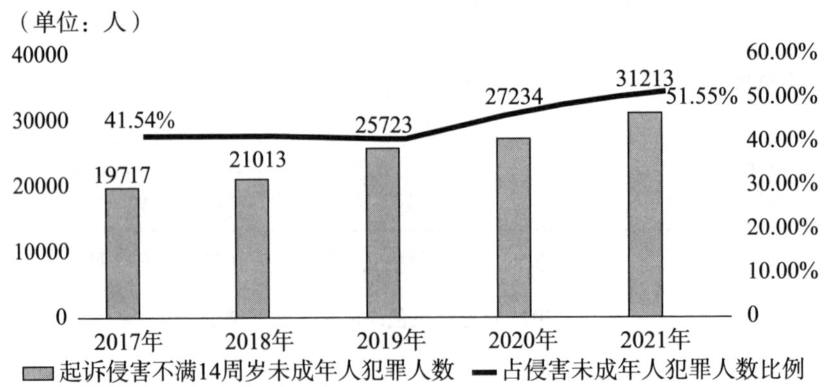

图 18　2017—2021 年起诉侵害不满 14 周岁未成年人犯罪情况

（6）侵害农村留守儿童犯罪总体趋缓。2017 年至 2021 年，检察机关起诉侵害农村留守儿童犯罪人数分别为 3325 人、2808 人、2591、2521 人、2599 人，分别占侵害未成年人犯罪人数的 7%、5.54%、4.12%、4.52%、4.29%（见图 19）。

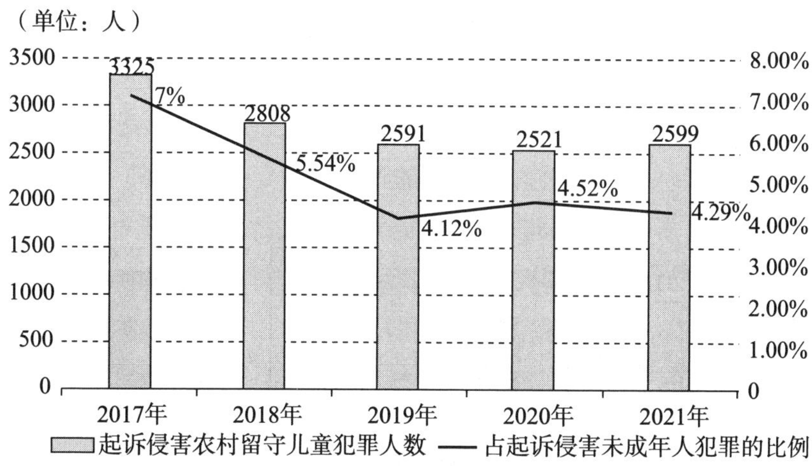

图 19　2017—2021 年起诉侵害农村留守儿童犯罪情况

（7）组织未成年人进行违反治安管理活动犯罪增幅较大。2017 年至 2021 年，检察机关对组织未成年人进行违反治安管理活动犯罪提起公诉分别为 4 人、37 人、98 人、170 人、402 人，近三年分别上升 164.86%、73.47%、136.47%，反映组织、拉拢未成年人进行违法犯罪问题不容忽视（见图 20）。

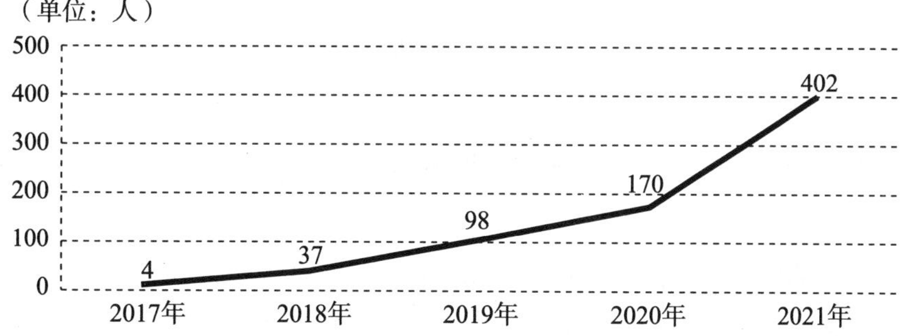

图 20　2017—2021 年起诉组织未成年人进行违反治安管理活动犯罪情况

（二）未成年人民事检察、行政检察情况

（1）加强监护侵害监督。2021 年，对于符合撤销监护人资格条件的，检察机关支持个人或单位起诉 464 件，同比上升 49.2%；提出检察建议 294 件，同比上升 45.54%；撤销监护人资格 388 件，同比上升 48.66%（见图 21）。

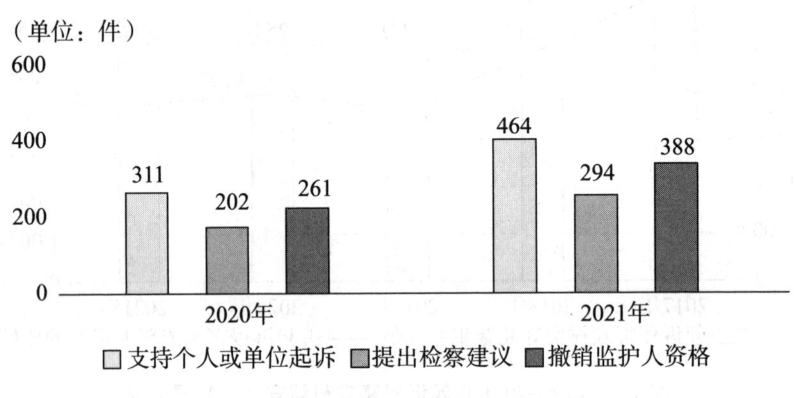

图 21　2020—2021 年监护侵害监督工作情况

（2）加强监护缺失监督。2021 年，检察机关就监护人缺乏有效监护能力，或者因客观原因事实上无法履行监护职责等监护缺失情形，依法妥善进行监护干预和保护救助，共提出检察建议 326 件，同比上升 3.1 倍；支持起诉宣告失踪、宣告死亡 132 件。

（3）开展“督促监护令”工作。自 2021 年 6 月 1 日起，针对家庭监护缺位问题，检察机关在办理涉未成年人案件中开展“督促监护令”工作，共制发“督促监护令”19328 份，其中向未成年犯罪嫌疑人的监护人制发“督促监护令”14754 份，向未成年被害人的监护人制发“督促监护令”4574 份（见图 22）。

（4）积极开展支持起诉工作。2021 年，检察机关共办理除监护权监督以外的支持起诉案件 1660 件，其中追索抚养费类 776 件，控辍保学类 65 件，其他 819 件（见图 23）。

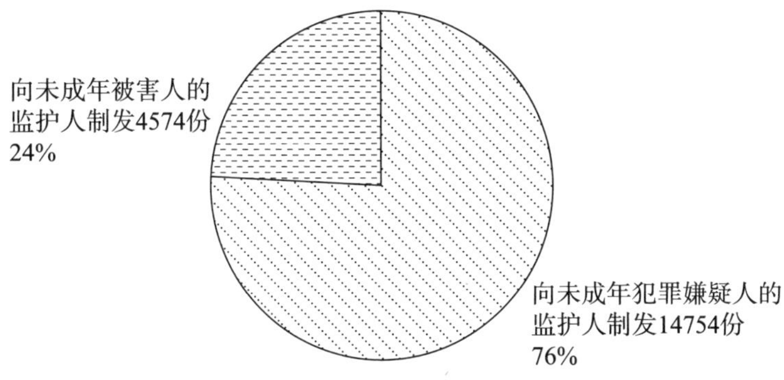

图 22　2021 年检察机关制发“督促监护令”情况

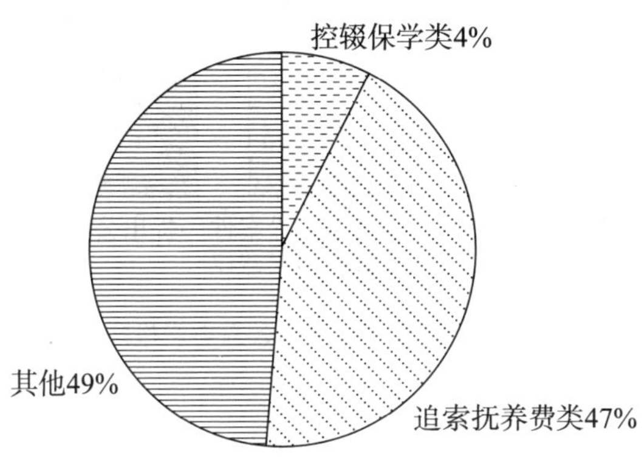

图 23　2021 年办理其他支持起诉案件情况

（5）加强民事、行政案件审判监督和执行活动监督。2021 年，检察机关就民事生效裁判提出抗诉 14 件，提出再审检察建议 7 件，对民事执行活动违法行为提出检察建议 307 件。就行政生效裁判提出再审检察建议 2 件，提出抗诉 2 件，对行政执行活动违法行为提出检察建议 59 件，促进行政争议实质性化解 23 件。

（三）未成年人公益诉讼检察情况

（1）立案情况。2021 年，检察机关就未成年人保护公益诉讼共立案

6633 件，同比上升 3.2 倍。

（2）发布公告情况。民事公益诉讼案件发布公告 87 件，其中刑事附带民事公益诉讼案件发布公告 50 件。

（3）提出诉前检察建议情况。行政公益诉讼案件提出诉前检察建议 5811 件，同比上升 2.8 倍（见图 24）。

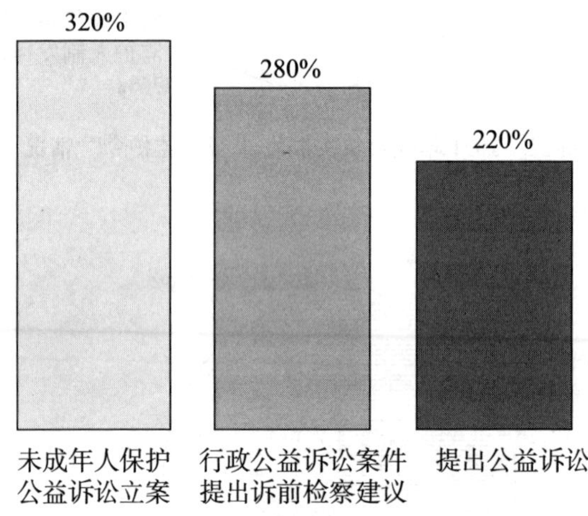

图 24　2020—2021 年办理未成年人公益诉讼检察案件增长态势

（4）提起公益诉讼情况。检察机关提起未成年人保护公益诉讼 84 件，同比上升 2.2 倍。其中，提起行政公益诉讼 18 件，提起民事公益诉讼 17 件，提起刑事附带民事公益诉讼 49 件（见图 25）。

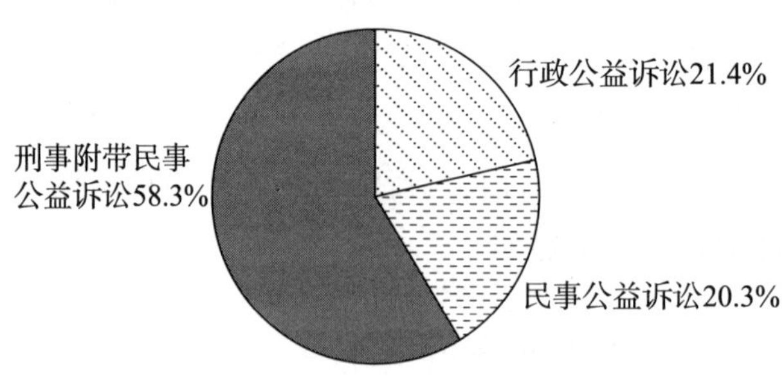

图 25　2021 年提起未成年人公益诉讼检察案件类别

（5）案件领域情况。检察机关办理涉未成年人食品药品安全、生态环境保护等传统领域公益诉讼案件 1957 件，占 29.5%。办理产品质量、烟酒销售、文化宣传、网络信息传播、个人信息保护、儿童游乐场所设施安全、娱乐游戏、文身、点播影院、爱国主义教育基地等涉未成年人其他领域案件 4676 件，占 70.5%（见图 26）。

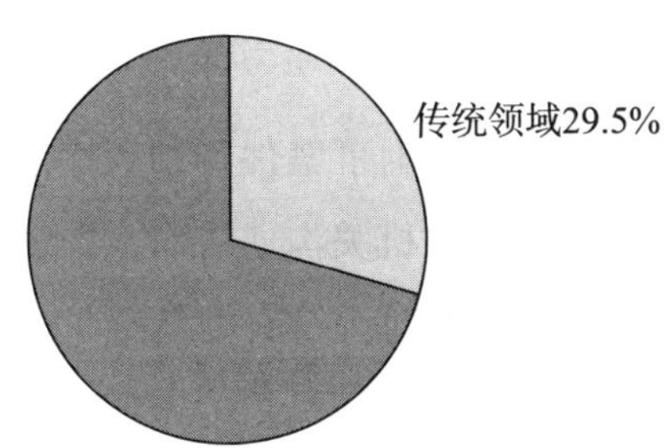

图 26　2021 年未成年人公益诉讼检察案件领域

二、遵循司法规律，加强双向保护

双向保护，既是未成年人司法应有的理念，也是未成年人检察办案必须遵循的基本规律：既要注重维护涉罪未成年人合法权益，也要切实维护未成年被害人的权益，维护好社会秩序和公共利益，确保办案“三个效果”有机统一，实现双赢、多赢、共赢。

（一）依法惩戒和精准帮教涉罪未成年人

检察机关认真贯彻“教育、感化、挽救”方针和“教育为主、惩罚为辅”原则，坚持依法惩戒和精准帮教相结合，最大限度教育挽救涉罪未成年人。

一是依法惩戒和依法从宽并行。对主观恶性不大、犯罪情节较轻，属于初犯、偶犯的未成年人，坚持少捕、慎诉、慎押，为其回归社会预留通道。2021 年，全国检察机关不批准逮捕 27673 人，不起诉 22585 人（含附条件不起诉考验期满后不起诉人数），附条件不起诉 19783 人。同时，检察机关对涉嫌严重犯罪、社会危害性大的未成年犯罪嫌疑人依法惩戒，发挥警示教育作用。2021 年，共批准逮捕 27208 人，提起公诉 35228 人（含附条件不起诉考验期满后起诉人数）。一体推进落实罪错未成年人"保护、教育、管束"措施，检察机关协同有关部门及时将相关罪错未成年人送入专门学校。

二是严格落实未成年人刑事案件特别程序。继续提升法律援助覆盖面。进一步加强与司法行政机关沟通协作，推动建立未成年人刑事案件专业法律援助律师队伍，及时为没有委托辩护人的未成年犯罪嫌疑人提供法律援助。2021 年，全国检察机关为未成年犯罪嫌疑人提供法律援助 49704 人次，同比上升 39.09%。进一步提高法定代理人、合适成年人到场覆盖率。通过组建合适成年人队伍，健全运行管理机制，充分发挥合适成年人在司法办案中沟通、抚慰、教育、见证、监督等方面的重要作用。2021 年，审查逮捕阶段、审查起诉阶段法定代理人、合适成年人分别到场 43968 次、72381 次，同比分别提升 112.47%和 76.66%。加强对涉罪未成年人犯罪记录封存制度的监督，保护未成年人身份信息不被泄露。2021 年，全国检察机关共落实犯罪记录封存 31510 人，同比上升 11.88%。

三是坚持把帮教贯穿办案始终。坚持因人因案而异，切实推动解决社会调查报告形式化、同质化等问题。2021 年，全国检察机关在审查逮捕阶段、审查起诉阶段分别开展社会调查 78562 次、157939 次。检察机关根据未成年人罪错行为特点和教育矫治规律，结合涉案未成年人具体情况，主动争取、整合相关社会力量参与精准帮教，通过加强对罪错未成年人监护人的家庭教育指导、完善专门矫治教育、打造综合性观护基地、引入专业司法社工和志愿者进行教育矫治等方式，共同建立"政府支持、司法主导、社会协同、公众参与"的帮教考察运行模式。

（二）严厉打击侵害未成年人犯罪和关爱救助未成年被害人

2021年全国检察机关共批准逮捕侵害未成年人犯罪45827人，起诉60553人，同比分别上升18%、5.7%。随着打击犯罪力度的不断加大，重大恶性暴力伤童犯罪明显减少。

一是依法严惩侵害未成年人犯罪。严厉惩治性侵害未成年人犯罪，突出打击多发严重犯罪。最高人民检察院对全国30余起性侵害未成年人重大敏感案件进行跟踪指导，就整治性侵害未成年少女问题进行专门调研，推动解决司法实践难题，提升案件查办效果。制发组织、强迫、引诱、容留、介绍未成年人卖淫犯罪典型案例，引导各级检察机关有力惩治各类性侵害未成年人犯罪。对性侵害未成年人案件有案不立、有罪不究、重罪轻判等问题及时监督纠正，2021年纠正漏捕590人，纠正漏诉335人，提请抗诉36件。坚决打击拉拢、诱迫未成年人参与违法犯罪活动，对组织未成年人进行违反治安管理活动犯罪提起公诉151件402人。

二是扎实做好未成年被害人救助保护。持续推动侵害未成年人犯罪案件“一站式”办案机制建设。全国共建成未成年被害人“一站式”询问、救助办案区1622个，累计完成询问15671人。重庆、云南、江苏、上海、浙江等地均形成较为成熟的“一站式”办案机制和工作模式。加强未成年被害人综合多元救助，全年共开展司法救助1.1万件，发放救助金1.6亿元，协助提供生活安置7471人次，开展心理疏导17638人次。

三是探索维护未成年被害人合法权益。对于未成年人因犯罪侵害遭受严重精神创伤，侵害行为给被害家庭造成极大影响的，检察机关探索支持被害人及其法定代理人提起精神损害赔偿诉讼。河北、上海、江苏、浙江、福建、江西、山东、河南等地检察机关支持性侵害案件未成年被害人主张精神损害赔偿，获得法院判决支持。浙江湖州检察机关成立以民事支持起诉职能为内核的未成年被害人心理评估支持中心，已办理精神损害赔偿支持起诉案件5件，累计赔偿金额28万元。

三、统筹“四大检察”，深化全面综合司法保护

未成年人检察业务统一集中办理，是检察机关统筹发挥检察职能优势，加强未成年人综合司法保护，全面维护未成年人合法权益的一项重要改革举措。2021 年，未成年人检察业务统一集中办理工作在全国检察机关稳步全面推开，呈现有序、协同发展的良好态势。

（一）未成年人刑事执行检察业务全面开展

未成年人刑事案件羁押必要性审查、在押未成年人监管活动监督、未成年人社区矫正活动监督作为未成年人检察部门常规业务工作全面开展。

一是细化对涉罪未成年人的羁押必要性审查。各地检察机关贯彻少捕、慎诉、慎押刑事司法政策，加大依职权主动审查力度，按照审查起诉阶段“每案必查”要求，对涉罪未成年人的羁押必要性审慎评估，积极助推、创造有效监护帮教等非羁押条件，最大限度减少非必要羁押。山西省人民检察院出台《未成年犯罪嫌疑人、被告人羁押必要性审查指导意见》，进一步规范羁押必要性审查工作。辽宁、广东等地检察机关在羁押必要性审查中开展量化评估，推动审查方式更加精准化。湖北检察机关引导公安机关对轻罪未成年人非羁押直诉，切实减少对未成年人的审前羁押。上海市长宁区人民检察院延伸探索，开展对未成年人适用刑事拘留措施的监督，发现没有刑事拘留必要的，及时建议公安机关释放或者变更强制措施。

二是对在押未成年人监管活动依法开展监督的同时，注重做好对未成年人的帮教、维权等工作。山西、吉林、河南等地检察机关未检部门联合刑事执行检察部门，与看守所沟通建立日常联络协作机制，通过巡回检察、专项检察等方式开展监督，共同开展对未成年人的感化、挽救和矫治教育。北京市人民检察院成立驻未成年犯管教所新起点扬帆检察中心，作为开展法律监督和矫治帮教的平台。江苏、四川、安徽等地检

察机关组织开展未成年犯管教所巡回检察，通过监区巡查、监室清查、查阅台账、调看监控等方式，进一步加强对未成年犯管教所监管执法工作监督。辽宁检察机关深化对未成年犯监内帮扶、回归帮扶“两个帮扶”工作，从入监、服刑到出监、回归社会开展全链条的帮扶教育。

三是以未成年人社区矫正特别规定落实为重点，强化对未成年社区矫正对象矫治帮教情况的常态化监督。发现社区矫正机构违反未成年人社区矫正相关规定的，依法提出纠正意见，保障有关未成年人社区矫正特别规定落实到位，配合做好对未成年人的教育。天津、黑龙江、西藏等地检察机关主动与司法行政机关对接，做好未成年社区矫正对象摸底调查和动态掌握，逐人建档。河北省人民检察院与省司法厅联合印发《关于加强未成年人社区矫正工作配合协作的意见》，在全省范围开展未成年人社区矫正检察监督专项活动，逐人逐项进行核查。吉林、福建、广东、宁夏等地检察机关以建立符合未成年人身心特点的特殊矫正机制为切入点，积极引入专业社会力量，开展定制式、个性化帮教，助力未成年人顺利回归社会。

（二）结合办案多维度强化对监护权的监督干预

一是加大监护侵害监督力度。对于监护人严重损害未成年人身心健康及合法权益，以及不履行监护职责导致未成年人处于危困状态的，在依法惩治的同时，及时建议、支持有关单位或者个人起诉撤销其监护人资格，坚决阻隔侵害，保障未成年人得到妥善监护照料，并会同民政等部门共同做好生活安置、保护救助等工作。辽宁省锦州市人民检察院联合教育、民政、妇联等六家单位会签文件，推动在民政、妇联设置未成年人检察工作站，开展未成年人监护侵害线索排查、线索收集、转接处理工作。上海闵行、四川成都检察机关探索开展家庭监护评估，为监护权监督工作提供更多借鉴参考。

二是主动开展监护缺失监督。对于监护人缺乏有效监护能力，或者因客观原因事实上无法履行监护职责等监护缺失情形，依法妥善进行监护干预和救助保护，帮助未成年人摆脱监护缺失困境。贵州安顺检察机关与云南昆明检察机关开展跨省协作，对事实无人抚养儿童进行接力救助，助力解决其监护缺失和生活、成长等问题。河南检察机关与法院、公安、民政等部门联合发布《关于进一步做好孤儿和事实无人抚养儿童精细化服务保障工作的通知》，进一步细化事实无人抚养儿童服务保障举措。广西壮族自治区河池市人民检察院与法院、公安等部门建立监护缺失儿童监护确权联动机制，协同推进关爱救助各项工作。

三是全面推开“督促监护令”工作。自 2021 年 6 月 1 日起，全国检察机关在办理涉未成年人案件中全面推开“督促监护令”工作。各地充分运用这一加强监护权监督的创新工作机制，根据个案不同情况和监护履职中存在的具体问题，针对性督促、引导监护人切实、有效履行监护职责，最大限度避免未成年人遭受不法侵害，预防和减少未成年人违法犯罪。2021 年，全国检察机关制发“督促监护令”共计 19328 份，其中，向未成年犯罪嫌疑人的监护人发送“督促监护令”14754 份，向未成年被害人的监护人发送“督促监护令”4574 份。贵州省人民检察院积极推动将“督促监护令”写入《贵州省预防未成年人犯罪条例》，上升到法规层面。上海、甘肃等地检察机关针对不会管、管不好和不想管三类家长，探索分类制发“督促监护令”，从督促监护内容、文书发送方式、跟踪监督成效等方面进行区分，做到有的放矢。

（三）持续拓展未成年人民事、行政检察工作

一是多领域加强未成年人民事、行政权益保障。落实民法典、新修订的“两法”有关未成年人保护的新任务新要求，结合未成年人民事、行政权益保护实际需求，聚焦重点难点问题，在抚养、收养、教育、继承、代理、监护等领域“多点开花”。内蒙古、浙江等地检察机关组织开展涉未民事执行案件专项监督，针对困境儿童补助款被执行、执行款已划扣未及时发放等行为，依法予以监督纠正。江苏、四川等地检察机关聚焦“双减”政策，针对培训机构“退费难”、未成年人及其家长“维

权难”等问题，支持家长提起追索培训费民事诉讼案，维护当事人合法权益。

二是积极开展有关涉未行政争议实质性化解工作。河南省邓州市人民检察院对涉未成年人利益的校园规划行政争议案件进行实质性化解，切实维护校园安全，守护未成年人健康成长。内蒙古自治区开鲁县人民检察院发现冒用他人身份取得结婚证影响未成年人获得孤儿补助的情况，依法向该县民政局提出检察建议，建议注销冒名婚姻登记信息、健全规章制度、加强管理监督。江西南昌、河北唐山等地检察机关对于涉及未成年人户口方面的行政诉讼监督案件，在扎实做好释法说理工作、推动行政争议实质性化解的同时，更好保障未成年人合法权益。

三是逐步探索积累具有未成年人检察特色和切合实际需要的办案经验和方式方法。四川省泸州市人民检察院与市中级人民法院会签《办理涉未成年人支持起诉案件协作机制》，对办理原则、受理范围、调查方式、协作流程等作出明确规定，推动支持起诉工作专业化、规范化、精细化发展。江苏省苏州市虎丘区人民检察院与区法院会签《关于建立涉少民事审判、执行监督工作协作机制的意见》，加强对涉未民事审判、执行活动的监督。上海市徐汇区人民检察院在个案办理的基础上，会同区法院、司法局、教育局签订《关于设立抚养费提存监管制度的实施方案》，进一步强化监护责任的落实和执行。

（四）积极稳妥开展未成年人检察公益诉讼

一是加大办案力度，推动解决未成年人公益保护难点痛点问题。聚焦人民群众关心关切、社会反映强烈的未成年人公益保护突出问题，积极、稳妥开展未成年人公益诉讼检察工作，办理了一批典型案例，办案领域和办案类型有较大幅度拓展。2021 年，未成年人保护公益诉讼立案 6633 件，同比上升 3.2 倍。北京、江苏等地检察机关启动爱国主义教育基地面向未成年人收费公益诉讼监督活动，推动落实对未成年人免费参观的规定。上海、浙江、福建、四川等地检察机关针对点播影院、电竞酒店、剧本杀、密室逃脱等新业态对未成年人保护不到位、行政机关履职不充分等问题，以公益诉讼推动治理。浙江省杭州市余杭区人民检察院办理的某知名短视频公司侵犯儿童个人信息民事公益诉讼案，系《民法典》实施及《未成年人保护法》修订后检察机关针对“未成年人网络保护”提起的民事公益诉讼全国第一案。

二是注重办案规范，促进公益保护质效提升。坚持把诉前实现维护公益目的作为最佳司法状态，充分发挥诉前程序作用，注重实现与行政机关及其他被监督对象的双赢多赢共赢。对诉前检察建议落实情况做好跟踪监督，发现诉前检察建议不能有效落实的，以提起诉讼方式接力推动问题解决，防止问题反弹回潮。在加大办案力度的同时，严格把握办案程序和实体规范，充分发挥检察一体化优势，建立重大敏感案件报告、诉前公告审查、跨行政区划案件联动等工作机制，对于疑难、复杂、影响大的案件，通过加强督办指导，帮助办案单位找准症结，选准角度，严谨规范办理。河北、辽宁、上海、甘肃等地检察机关制定规范性文件，明确受案范围、办理流程、审批权限等，为更好开展未成年人公益诉讼检察工作提供遵循。

三是探索办案规律，不断创新工作方式方法。上海、安徽、福建、广东等地检察机关推广建立未成年人公益诉讼观察员制度，充分发挥观察员在提供相关信息和线索、参与听证等方面的作用。重庆市人民检察院探索建立公益诉讼审查报告模板库，定期编发新类型案件审查报告模板，坚决杜绝诉前检察建议滥发多发问题。山西、陕西等地检察机关在办理公益诉讼案件中积极探索惩罚性公益赔偿金制度。

（五）“四大检察”统筹履职的综合保护成效日益凸显

一是未成年人全面综合司法保护理念逐渐深入。最高人民检察院编发未成年人综合保护典型案例，强化理念指引和示范引领。各地发挥统一集中办理优势，加强“四大检察”职能的统筹运用，在办理涉未成年人刑事案件过程中对未成年人公共利益、民事、行政权益一体化保护，综合保护未成年人案件数量呈加快上升趋势。河北、吉林、江苏、重庆等地检察机关通过建立刑事案件“一案多查”的办案模式，同步审查监护监督、民事行政审判执行监督、公益诉讼检察等事项，有效提升综合保护质效。浙江湖州检察机关针对涉案未成年人滥用氢溴酸右美沙芬等突出问题向相关部门制发检察建议，促进加强对未成年人药物滥用风险管控，推动实现氢溴酸右美沙芬由非处方药转为处方药管理。

二是未成年人综合保护长效机制逐步确立。在履职办案中注重发现案件背后存在的家庭、社会等诸多问题，通过检察建议、公益诉讼、情况通报、联合督导、健全机制等多种方式，积极推动源头治理和标本兼治。比如，河北、内蒙古、江苏等地检察机关扎实推进未成年人文身问题治理，海南省人民检察院推动在地方立法层面对未成年人文身问题进行规范；浙江省绍兴市人民检察院推动市商务局、卫生健康委和市场监管局联合出台文身行业管理规范；江苏宿迁、江西南昌等地检察机关推动当地人大常委会出台决议，明确禁止未成年人文身。上海静安、陕西宝鸡等地检察机关分别围绕吸毒人员未成年子女帮扶救助、预防未成年人吸烟等方面，与政府相关部门、共青团、妇联、关工委、其他未成年人保护组织等建立协同联动、协作支持的长效机制。辽宁省人民检察院在全省范围开展校园配餐专项整治行动，重点排查校园集体用餐的供餐单位和中小学校、幼儿园自有食堂，深入查找在校园配餐工作中存在的薄弱环节和突出问题，督促相关单位落实保护责任。湖北省人民检察院与省烟草专卖局联合印发《关于在检察公益诉讼中加强协作配合保护未成年人免受烟侵害的意见》，促进行政主管部门依法行政，切实保护未成年人免受烟（含电子烟）侵害。

四、加强部门协作，主动融入“五大保护”

2020年修订的《未成年人保护法》构建了“家庭、学校、社会、网络、政府、司法”六大保护体系。检察机关既要承担司法保护的重要职责，又要通过检察履职最大限度推动家庭保护、学校保护、社会保护、网络保护、政府保护落地见效，努力实现“1+5>6=实”。

（一）助力发挥家庭保护基础作用

家庭是未成年人成长生活的依靠，家庭保护是预防未成年人免受侵害的第一道防线。检察机关立足检察履职，积极促推司法保护融入家庭保护，提高家庭成员的未成年人保护意识和能力，更好护航未成年人健康成长。

一是在办理涉未成年人案件中全面开展家庭教育指导工作。最高人民检察院与全国妇联、中国关工委联合下发《关于在办理涉未成年人案件中全面开展家庭教育指导工作的意见》（高检发〔2021〕7 号），明确要求对涉未成年人案件全面开展家庭教育评估，对存在教育主体意识不强、教育方式不当、法治意识淡薄等突出问题的，强制开展家庭教育指导；联合编发在办理涉未成年人案件中全面开展家庭教育指导工作典型案例，引导各地学习先进经验和做法，推动涉未成年人案件家庭教育指导工作高质量发展。

二是积极参与家庭教育工作联动机制建设。认真落实《家庭教育促进法》，下发《关于学习贯彻〈中华人民共和国家庭教育促进法〉的通知》，强化家庭教育指导工作的司法保障，推动到 2022 年年底，所有县级人民检察院均建立与妇联组织、关工委或地方政府有关部门的沟通协作机制，形成稳定的家庭教育指导工作力量。积极参与家庭教育促进法普法宣传，结合法治副校长、法治进校园、检察开放日等工作，通过研发家庭教育课件、设立“家长课堂”等多种方式，宣传家庭教育在未成年人成长中的重要作用，引导全社会树立重视家庭教育，依法、科学进行家庭教育的未成年人保护观念，为《家庭教育促进法》深入实施营造良好环境。

（二）督促完善学校保护工作机制

一是加强检教协作配合，共同推动校园安全管理责任落实。各级检察机关联合教育行政部门持续抓好“一号检察建议”监督落实，通过专项排查、督导检查、情况通报等方式，促进加强校园安全制度建设。同时，边督边改、立行立改，及时消除安全隐患。2021 年，全国各级检察机关联合教育行政部门查访中小学校、幼儿园 4.4 万余所，发现安全管理隐患 4100 余个。向教育行政部门、学校制发检察建议 994 件，已完成整改 3600 余项，纠正男性宿舍管理员管理女生宿舍问题 172 件。最高人民检察院、教育部、市场监管总局赴黑龙江联合开展全国校园安全专项整顿调研工作，对 6 所中小学校、幼儿园开展安全检查，提出整改意见，督促抓好整改落实。

二是参与校园安全建设，协助学校开展安全管理和依法治理。检察机关深入推进检察官担任法治副校长工作，充分履行检察官法治副校长职责，加强未成年学生保护。河北省人民检察院联合省教育厅开展平安校园建设专项活动，5 名省级人民检察院相关负责人、6 名市级人民检察院检察长和 1000 余名检察官走进校园列席校务会、开展实地检查，帮助、会同学校解决校园安全隐患问题。山东省巨野县人民检察院办理一起校外未成年人拉拢学生，多次进入学生宿舍抢劫案件后，专门派出一名副检察长担任该校法治副校长，定期送法进校园，该校迄今再未发生违法犯罪事件。

三是发挥法律专业优势，积极协助学校依法处理学生校园欺凌、校园纠纷、家校矛盾等“疑难杂症”。湖北省黄石市某小学发生学生受伤事件，检察官法治副校长多次协助家校沟通，促成双方和解。新疆维吾尔自治区呼图壁县在校生马某因校内纠纷导致身体损伤，家属无力支付大额手术费用，检察官法治副校长协调学校先行支付 4 万元手术费用，有效化解矛盾。

（三）促进提升社会保护成效

一是积极落实侵害未成年人案件强制报告制度。检察机关运用多种形式，加大宣传力度，提高强制报告制度社会知晓度，形成社会认同，督促相关部门及人员依法落实强制报告义务。积极推动强制报告工作纳入辖区网格化管理，加强对强制报告线索处置情况的跟踪监督，推行侵害未成年人案件“是否报告”每案必查制度，建立落实情况倒查机制，及时纠正当报不报问题，切实增强制度刚性。加强对强制报告线索处置情况的跟踪监督，依法监督纠正有案不立、有罪不究等问题。不履行强制报告义务的，根据《未成年人保护法》相关规定，督促相关部门对责任人员给予处分。制度施行以来，全国检察机关起诉侵害未成年人犯罪案件中线索源于强制报告的 2854 件，通过办案倒查发现相关责任主体未履行强制报告义务、应当报告不报告案件 1604 件，追责 299 件。

二是认真落实入职查询制度。联合相关部门积极推动建立覆盖性侵、虐待、拐卖、暴力伤害等违法犯罪记录的信息库，将查询范围扩大到所有密切接触未成年人行业的从业人员。最高人民检察院、教育部、公安部联合建立了教职员工违法犯罪信息查询平台，全国检察机关牵头或配合教育等密切接触未成年人行业开展入职查询 749 万人次，推动对查询出的 2900 余名有前科劣迹人员作出开除、解聘等处理。

三是大力推进未成年人检察社会支持体系建设。最高人民检察院联合共青团中央在 80 个地区开展未成年人检察工作社会支持体系示范建设，推动完善路径方法，健全制度机制，形成一批可复制的经验。会同民政部、共青团中央制定全国第一个《未成年人司法社会工作服务规范》国家标准，加强未成年人司法社工规范化建设，进一步推动将司法社工纳入未成年人检察工作司法服务体系，参与对未成年人的心理干预、法律援助、司法救助、社会调查、社会观护、教育矫治、社区矫正、法治宣传等工作。

四是督促对旅馆、宾馆、酒店、营业性娱乐场所、网吧等场所的整改。针对性侵未成年人案件多发于宾馆、酒店、营业性娱乐场所的现状，各地检察机关通过专项检查、联合清查、情况通报、检察建议等措施，推动职能部门加强对违法接待、容留未成年人问题的治理。自 2021 年 5 月“检爱同行，共护未来”未成年人保护法律监督行动实施以来，全国检察机关共参与排查旅馆、宾馆、酒店等场所66283家，发现存在问题的11238家，占排查总数的17%，经检察机关督促，完成整改10124家，停业整顿555家，吊销经营许可559家；排查营业性娱乐场所、酒吧、网吧等场所18691家，发现存在问题的3688家，占排查总数的19.7%，经检察机关督促，完成整改3175家，停业整顿448家，吊销经营许可65家。

（四）推动净化未成年人网络环境

一是依法严厉惩治侵害未成年人权益的网络犯罪，保护救助未成年被害人。针对侵害未成年人网络犯罪手段复杂多样，作案方式不断翻新，更加带有隐蔽性等特点，加大打击震慑力度，坚决予以遏制，保障未成年人上网用网安全。对受到网络犯罪侵害的未成年人进行综合救助保护，同步提供心理抚慰、心理疏导、损失追回、经济救助、就学帮扶等支持，助力未成年人回归正常的学习生活。

二是最大限度教育挽救涉网络犯罪的未成年人，宽容不纵容。受网络使用的低龄化和不良信息等因素影响，一些网络诈骗、侵犯公民信息等犯罪案件中也有未成年人参与。2021年，检察机关起诉未成年人利用电信网络实施犯罪3555人，同比上升21.2%。对于主观恶性不大、罪行较轻、属于初犯、偶犯的未成年人，在依法从轻处理的同时，开展针对性的帮教，帮助他们尽快重新回归社会。注重选取典型案例以案释法，警示教育未成年人远离网络违法犯罪。

三是积极推动网络领域未成年人公益保护。针对未成年人沉迷网络、受到不良信息侵蚀甚至遭受侵害等涉及未成年人公共利益的普遍性问题，以办理的典型个案作为突破口，通过公益诉讼、检察建议、情况通报等多种形式推动网络平台、社会、政府等多方协同、齐抓共管，促进相关问题解决。上海市松江区人民检察院办理的支持起诉确认未成年人网络高额打赏行为无效案，在帮助全额追回网络充值款的同时，督促涉案企业制定完善用户实名认证、从业人员准入标准和行为规范、未成年人消费保护措施等技术标准。

（五）促推形成协同保护合力

最高人民检察院积极履行国务院未成年人保护工作领导小组成员单位职责，推动进一步完善部门协作机制，切实形成未成年人保护合力。在国务院未成年人保护工作领导小组第一次会议上，最高人民检察院立足未成年人保护法律监督职责，就促进未成年人保护体系更加健全完善进行介绍和交流。在国务院新闻办公室举行的新闻发布会上，介绍检察机关开展未成年人保护工作相关情况，回答记者提问。最高人民检察院就未成年人文身问题专题调研，向国务院未成年人保护工作领导小组报送专题报告，争取重视支持，推动未成年人文身治理。

各地检察机关认真贯彻落实《国务院未成年人保护工作领导小组关于加强未成年人保护工作的意见》（国未保组〔2021〕1号）。山东省高密市人民检察院将未成年人检察工作嵌入全市各村新时代文明实践站，聘请村妇联主席、村儿童主任、志愿者担任“未检员”，负责本村未成年人信息登记、家庭走访、监护指导、教育帮教、强制报告等工作，定期召开由各相关部门及“未检员”代表参加的联席会，分析“未检工作站”运行状况，共同推动未成年人保护工作落地生根。福建检察机关创设春蕾安全员机制，以检察机关为主导、以基层妇联力量为主体建立覆盖全部基层组织的春蕾安全员队伍，对困境儿童进行摸排登记，开展建档管理、动态观护、实时介入、转介救助等工作，搭建特殊未成年人群体“家门口的守护岗”。江苏检察机关加强与民政部门协作，通过选聘儿童主任担任未成年人权益保护观察员、组织儿童主任开展业务培训等方式，将保障未成年人合法权益落到实处。河南省禹州市人民检察院依托乡村振兴和联乡帮村工作机制，在重点乡镇、村庄（社区）设立“检爱儿童”保护站（联系点），联动乡镇政府、民政、基层法庭、公安派出所等，通过典型案例开展以案促改、家庭教育指导、督促监护责任落实等工作，帮助“问题家庭”重塑家庭环境和良好亲子关系。

五、注重犯罪预防，提升法治宣传教育效果

2021 年，检察机关深入贯彻习近平法治思想，全面落实“谁执法，谁普法”的普法责任制，扎实推进检察官担任中小学校法治副校长工作，推动全国 3.9 万余名检察官在 7.7 万余所中小学校担任法治副校长。检察官法治副校长能动履职，面向中小学生广泛开展法治教育和自护教育，协助学校建立健全安全管理制度，在促进校园安全、保障未成年人健康成长方面发挥了积极作用。

（一）检察长示范带动，推动法治副校长工作走深走实

各级人民检察院领导班子成员，尤其是检察长以身作则，主动担任法治副校长，走进校园为中小学生讲授法治课。四级检察机关共有 15606 名院领导担任中小学法治副校长，其中检察长 3205 名。2021 年 9 月 1 日，最高人民检察院检察长张军第四次走进北京市第二中学，围绕学习贯彻新“两法”讲授法治课。2021 年 9 月开学季，全国有 23 名省级检察院检察长和 1311 名市、县级检察院检察长走进校园，为同学们讲授法治课，特别是注重结合具体案例开展法治宣传教育，促进未成年人更加笃信笃行法治，推动检察官担任法治副校长工作不断深化。

（二）加强机制共建，凝聚法治宣传教育合力

各级检察机关主动作为，争取党委政府支持，联动各方力量，打造法治宣传教育矩阵，凝聚法治宣传教育合力。一是持续打造《守护明天》未成年人法治教育品牌节目。最高人民检察院与中央广播电视总台联合制作大型未成年人法治节目《守护明天》第五季。《守护明天》围绕未成年人司法保护话题，邀请检察官主讲案例，并邀请专家、相关部委代表展开讨论，在社会上引起良好反响，收视率持续攀升。二是主动争取支持，统筹普法资源。安徽省人民检察院与省高级人民法院、教育厅、公安厅等会签文件，均衡派设法治副校长，解决多头普法、扎堆普法、

普法资源旱涝不均等问题。河南许昌检察机关推动市委成立未成年人法治教育领导小组，办公室设在市人民检察院。三是主动联动各方，加强法治副校长工作力量。广西壮族自治区人民检察院联合教育厅、妇联等单位开展“加强未成年人法治教育，助力乡村振兴”专项活动。重庆市检察机关积极与公安、法院、教委、共青团、妇联等单位沟通联系，并邀请人大代表、政协委员全程参与普法活动，形成普法合力。四是主动搭建平台，争取社会支持。最高人民检察院联合教育部、民政部、共青团中央、全国妇联、中国关工委等部门共同策划制作国内首部未成年人检察社会支持体系建设微电影《我的青春，你来过》。江西省检察机关借助教育行政部门“班班通”等新媒体平台，充分调动校园联络员、社会志愿者等力量，推动实现法治教育教学点全覆盖。黑龙江省大庆市人民检察院“童心圆”未检工作团队建立家庭教育指导师库，动员组织老干部、老战士、心理咨询师等组成志愿团队共同开展法治巡讲。

（三）聚焦专业发力，促进法治宣传教育提质增效

一是突出宣讲重点。实时更新法治宣讲内容，以贯彻落实《民法典》、“两法”“一号检察建议”、强制报告制度、入职查询制度等为重点开展宣讲。贵州遵义检察机关在开展法治进校园活动后，一名女生向老师举报其叔叔多次对其实施性侵，老师立即履行强制报告职责报警，目前该案已提起公诉。二是丰富宣讲形式。吉林省人民检察院联合省教育厅通过“思政课堂+法治教育”模式，把法治教育融入思政课堂。内蒙古自治区通辽市人民检察院联合学校组织公益示范林实地观摩活动，将普法课堂延伸到户外。辽宁、山东、四川、新疆等地检察机关依托法治教育实践基地，增强法治活动实践性，带领学生开启“沉浸式”法治体验，助力提升学生法治素养。三是建设“标准化”“菜单式”课程库。江西、云南等地组织开展全省优秀课件评比，形成全省（市）未成年人法治教育“标准化”课程库。江苏扬州检察机关分类研发“学生预防版”“教师警示版”“家庭教育版”课程库。西藏自治区拉萨市人民检察院

“卓·吉”未检宣讲团推出系列双语“法治精品课”。

（四）适应常态化疫情防控形势，形成法治宣传教育新格局

各级检察机关积极适应疫情防控常态化要求，拓展法治宣传教育阵地，确保防控期中小学校“停课不停学”，推动形成线上线下一体的法治宣传教育新格局。一是加强网课建设。内蒙古自治区鄂尔多斯市人民检察院开设“守护娜荷芽远程法治课堂”，与教体局专网互联互通，一次讲座可全覆盖6万余名学生。重庆市人民检察院联合市教委开设战疫云课堂，先后在2800余所学校播放，覆盖学生300多万人次。二是开展直播互动。2021年“国家宪法日”前夕，最高人民检察院第九检察厅负责人通过直播平台，为北京市100余名中小学思政教师讲授法治课。新疆维吾尔自治区奎屯市人民检察院“小马未检”抖音直播间开展直播7场次，受众师生5万余人次，互动参与6000余人次。三是研发线上平台。天津市人民检察院组织研发“未检护苗”平台，并推动与教育系统互联互通，实现检察机关法治副校长普法宣传教育对全市学校全覆盖，打造“全时空”青少年法律服务产品。江西省萍乡市安源区人民检察院开发“晨曦云平台”，设置典型案例、微课堂等板块，实现“指尖上的法治宣讲”。

六、坚持质效并重，促进专业化规范化建设

2021年，各级检察机关以提升工作质效为核心，着力提升未成年人检察专业化、规范化水平，为推动未成年人检察工作高质量发展奠定坚实基础。

（一）努力提高未成年人检察专业化水平

未成年人检察工作具有特殊性，在职责任务、内在规律、司法理念、评价标准等方面都与成年人司法有显著的区别，是独立的检察业务类别。实现未成年人检察专业化，是做好未成年人检察工作的前提和基础。

一是进一步健全未检专门办案组织，为未成年人检察工作高质量发

展提供专业组织保证。认真贯彻落实新修订的“两法”有关专门机构或者专门人员配备的要求，积极推动落实《关于进一步规范检察办案机构设置的通知》要求，255 个市级检察院和 536 个县级检察院设立独立未检机构，较 2020 年分别增加 20 个、164 个，另有 1385 个市、县级检察院设立未检办案组，增加 602 个。二是进一步加强未成年人检察队伍素质能力建设，为未成年人检察工作高质量发展提供专业人员保证。积极开展多种形式的岗位练兵，举办 2 期未成年人检察案事例培训班、5 期未成年人检察业务统一集中办理网络培训，推动以司法保护能力为核心的未成年人检察能力建设。开展未检条线优秀办案团队和优秀办案检察官评选活动，3 个团队和 5 名个人获评优秀办案团队和优秀办案检察官。三是加强未成年人检察理论研究。国家社科基金重点课题“未成年人司法法”顺利结项，《中国未成年人司法制度研究》出版。举办未成年人公益诉讼检察研讨会、未成年人文身治理研讨会，围绕未成年人文身治理、消费保护、“控辍保学”等领域公益诉讼检察热点难点问题开展研讨交流，促进未成年人检察理论研究与司法实践融合发展。编发连续出版物《未成年人检察》4 期。

（二）持续加强未成年人检察规范化建设

一是进一步强化未成年人检察业务指导。深化“捕、诉、监、防、教”一体化工作机制，以工作质量、帮教效果为核心，完善未成年人检察工作独立评价与指标体系。最高人民检察院建立未检业务专业指导和分片对口联系相结合的工作机制，提高对下指导质效。每季度召开一次未检条线重点工作推进会，通报未检重点工作开展情况，分析研判、共同解决存在的问题。二是研究编发未成年人检察案例。按照“一个案例胜过一沓文件”的思路，聚焦未成年人司法保护的难点、热点问题，加大指导性案例、典型案例研究编发力度。针对附条件不起诉、家庭教育指导、“督促监护令”等重点问题，发布 1 批指导性案例和 4 批典型案例，建立未成年人检察案例库，开展案例评析活动，坚持问题导向，强化业务指导。三是推进智慧未检建设。加强统一业务应用系统 2.0 未检条线部署应用工作，基本实现未检业务统一集中办理工作线上办理、流转、查询等功能。上线运行未检侦查监督平台，助力提升法律监督效果。探索搭建涉未数字化监督模型，推广智慧未检成熟经验做法，推进未成年人帮教维权平台建设，促进从个案办理到类案监督转变。

结 语

2021 年，全国检察机关坚持以习近平新时代中国特色社会主义思想为指导，深入贯彻习近平法治思想，认真落实《中共中央关于加强新时代检察机关法律监督工作的意见》，以学习贯彻新修订的“两法”为契机，以加快推进未成年人检察业务统一集中办理为抓手，着力夯实基层组织专业保障、突出基础工作特殊要求、狠抓基本能力综合提升，以高度的政治自觉、法治自觉、检察自觉依法能动履职，推动未成年人检察工作取得新的进展。

党的十九届六中全会发出了向第二个百年奋斗目标进军的政治动员令。习近平总书记多次强调，当代中国少年儿童是实现第二个百年奋斗目标、建设社会主义现代化强国的生力军。当前，为未成年人健康成长营造良好环境的社会氛围正在形成，但未成年人保护总体形势还不容乐观，涉及未成年人的刑事案件持续高发，侵害未成年人民事、行政等合法权益问题多发，“两法”施行的新要求与未成年人保护有法不依、执法不严等老问题并存，涉未成年人“小案件”常常引起网络上的“大围观”，未成年人保护社会治理存在不少短板。与此同时，未成年人检察工作也存在一些不容忽视的问题，特别是运用“最有利于未成年人”理念指导未成年人检察实践不够，统筹运用“四大检察”职能推进综合司法保护还有不小差距，融入其他“五大保护”的自觉性、实效性不足，未成年人检察队伍能力素质跟不上职能深化和拓展，等等，一定程度上影响了未成年人保护工作效果。

2022 年，检察机关将坚持以习近平新时代中国特色社会主义思想为指导，深入贯彻习近平法治思想，认真学习贯彻习近平总书记在庆祝中国共产主义青年团成立 100 周年大会上的重要讲话精神，持续落实未成年人保护“两法”，以最高人民检察院向全国人大常委会报告未成年人检察工作为契机，以监督落实“一号检察建议”为牵引，以“质量建设年”为抓手，以强化未成年人综合司法保护为重点，创新进取，能动履职，全面提升未成年人检察工作质效，促推家庭保护、学校保护、社会保护、网络保护、政府保护落实落地，服务保障未成年人安全健康成长，以实际行动迎接党的二十大胜利召开。

附件：

全国未成年人检察工作大事记（2021）

1. 2021 年 2 月 3 日，最高人民检察院发布《关于学习贯彻新修订的〈中华人民共和国未成年人保护法〉〈中华人民共和国预防未成年人犯罪法〉的通知》，就全国检察机关学习贯彻落实“两法”作出专门部署，提出具体要求。

2. 2021 年 2 月 5 日，最高人民检察院第九检察厅、民政部社会工作司、共青团中央维护青少年权益部联合召开《未成年人司法社会工作服务规范》国家标准试行工作全国总结会，共同推动未成年人司法社会工作服务体系建设。

3. 2021 年 2 月 26 日，最高人民检察院发布以涉罪未成年人附条件不起诉为主题的第二十七批指导性案例，为附条件不起诉制度依法规范适用提供参照和指引。

4. 2021 年 3 月 2 日，最高人民检察院第九检察厅与“女童保护”团队签署合作备忘录，在惩防儿童性侵、被害人救助、心理疏导、合适成年人到场、普法教育等方面探索开展合作。

5. 2021 年 3 月 11 日，浙江省杭州市余杭区人民检察院诉北京某公司侵犯儿童个人信息民事公益诉讼案，经杭州互联网法院出具调解书后结案。检察机关提出的停止侵权、赔礼道歉、消除影响、赔偿损失等诉求被全部采纳，涉案公司开展整改。该案被评为 2021 年度十大法律监督案例。

6. 2021 年 3 月 26 日，最高人民检察院第九检察厅在江苏沭阳召开未成年人公益诉讼检察研讨会，针对未成年人文身治理、消费保护、“控辍保学”等领域公益诉讼检察业务开展交流研讨，上海、江苏、浙江、福建、山东、重庆等地检察机关交流发言。

7. 2021 年 3 月 31 日，最高人民检察院第九检察厅在浙江绍兴召开未成年人文身治理研讨会，深入研究未成年人文身治理现状，共商未成年人文身监管完善等问题。

8. 2021 年 4 月 6 日，教育部、最高人民检察院等七部门发布《关于加强教育系统数据安全工作的通知》，保障教育行政部门和学校利用信息化手段保护教育、管理、服务等环节产生数据的安全，规范数据收集、使用管理、开放共享等活动。

9. 2021 年 4 月 25 日，最高人民检察院印发《全国检察机关“检爱同行 共护未来”未成年人保护法律监督专项行动实施方案》，认真贯彻落实新修订的“两法”，推动解决未成年人保护的普遍性、系统性、源头性问题。

10. 2021 年 4 月 25 日，浙江湖州检察机关积极实践“个案办理—类案监督—系统治理”的数字检察工作路径，对部分青少年滥用成瘾性非处方药（氢溴酸右美沙芬）以案促治，向药监部门发出检察建议，促推全省专项治理，积极推动在全国范围内将氢溴酸右美沙芬调整为处方药，积极保障公众用药安全。

11. 2021 年 4 月 28 日，最高人民检察院第九检察厅印发《关于统一制发未成年人涉罪记录封存印章的通知》，制作未成年人涉罪记录封存印章样式，规范未成年人犯罪记录封存工作。

12. 2021 年 5 月 26 日，最高人民检察院第九检察厅下发《关于在办理涉未成年人案件中开展“督促监护令”工作的意见》，决定从 2021 年 6 月 1 日起，在办理涉未成年人案件中依法开展“督促监护令”工作，推进筑牢未成年人家庭保护防线。

13. 2021 年 5 月 27 日，四川省人民检察院在省检察院机关建成“四川省青少年法治宣传教育基地”，面向全社会开放，最高人民检察院常务副检察长童建明出席基地揭牌仪式。

14. 2021 年 5 月 28 日，最高人民检察院在四川成都召开“全国检察机关贯彻落实‘两法’座谈会”，研究贯彻落实新修订“两法”的举措，交流经验，提出具体工作要求。

15. 2021 年 5 月 31 日，最高人民检察院召开《落实“两法”护航青春》新闻发布会，通报检察机关会同相关部门共同做好未成年人保护工作情况及贯彻落实“两法”有关工作安排，发布“检察机关与各方力量携手 构建未成年人保护大格局”10 个典型案事例。

16. 2021 年 6 月 1 日，新修订的“两法”正式施行。

17. 2021 年 6 月 1 日，最高人民检察院发布《未成年人检察工作白皮书（2020）》，总结 2020 年未成年人检察工作，更加自觉承担未成年人保护的检察责任。

18. 2021 年 6 月 15 日，最高人民检察院联合全国妇联、中国关工委制发《关于在办理涉未成年人案件中全面开展家庭教育指导工作的意见》。同年 10 月 25 日，最高人民检察院联合全国妇联、中国关工委印发在办理涉未成年人案件中全面开展家庭教育指导工作典型案例。

19. 2021 年 6 月 18 日，第十届全国人大常委会副委员长、中国关工委主任顾秀莲一行到北京市海淀区人民检察院调研座谈。最高人民检察院常务副检察长童建明出席座谈会并汇报全国未成年人检察工作相关情况。

20. 2021 年 7 月 7 日，最高人民检察院第九检察厅下发《关于在专业分工指导的基础上强化分片联系指导工作的提示》，探索建立未检业务专业指导与分片对口联系相结合的工作机制。

21. 2021年7月15日，最高人民检察院第九检察厅举办附条件不起诉指导性案例网络培训暨推进未成年人检察重点工作视频会议，进一步规范和促进附条件不起诉工作，部署推进未成年人检察相关重点工作。

22. 2021年7月23日、9月30日、11月29日，最高人民检察院第九检察厅举办全国检察机关未成年人检察业务统一集中办理网络培训，加强有针对性业务指导。

23. 2021年8月2日，最高人民检察院下发《关于2021年上半年全国检察机关未成年人检察业务统一集中办理工作情况的通报》，通报工作进展，提出工作要求。

24. 2021年8月24日，全国政协副主席、民盟中央常务副主席陈晓光一行到北京市石景山区未成年人互动体验式法治教育中心调研，最高人民检察院常务副检察长童建明陪同调研。

25. 2021年9月1日，最高人民检察院检察长张军以《"六大保护"呵护"少年的你"》为题，第四次到北京市第二中学讲授法治课，北京市各区共20余所学校通过教育系统直播平台学习收看。

26. 2021年9月1日，最高人民检察院常务副检察长童建明以《提升法治素养　护航奋斗青春》为题，到首都师范大学附属中学讲授法治课，3000余名师生代表现场学习收听。

27. 2021年9月，北京市检察机关开展爱国主义教育基地违规收费公益诉讼专项监督行动，协同相关部门推动故宫、八达岭等40余家单位对未成年人免费开放。

28. 2021年9月6日，中共中央政治局委员、重庆市委书记陈敏尔到重庆市大渡口区人民检察院调研基层治理创新工作，对"莎姐"等工作给予充分肯定。

29. 2021年9月10日，上海市检察机关针对涉点播影院性侵害未成年人案件情况暴露的问题，向市级行政主管部门制发检察建议，推动在全市层面完善相关监管制度。

30. 2021 年 10 月 8 日，最高人民检察院第九检察厅编发未成年人综合保护典型案例，指导各地统筹各项未检职能、强化未成年人综合保护工作。

31. 2021 年 10 月 16 日，由全国人大代表宋亚平策划出品、陕西省人民检察院协助策划的普法舞台剧《五月向阳六月花》在陕西咸阳举办首演仪式，受到广泛欢迎。

32. 2021 年 10 月 19 日，最高人民检察院第九检察厅发布《关于未成年人综合保护案例评析情况的通报》，指导推动未成年人综合保护工作深入开展。

33. 2021 年 10 月 25 日，最高人民检察院联合共青团中央发布《关于开展全国未成年人检察工作社会支持体系示范建设的通知》，在全国 80 个地区部署开展未成年人检察工作社会支持体系示范建设工作。

34. 2021 年 10 月 28 日，最高人民检察院第九检察厅召开全国未成年人检察工作视频调度会，山东、江苏检察机关就落实侵害未成年人案件强制报告制度、附条件不起诉工作进行经验交流。

35. 2021 年 10 月 29 日，最高人民检察院针对办案中发现的未成年人文身现象突出问题，向国务院未成年人保护工作领导小组报送专项报告，促推完善未成年人文身治理相关监管机制。

36. 2021 年 11 月 1 日，海南省检察机关积极推动将未成年人文身治理相关规定写入新修订的《海南省未成年人保护和预防犯罪规定》。

37. 2021 年 11 月 18 日，上海市检察机关举办“接续奋斗　检护未来”——上海市未成年人检察工作创建 35 周年座谈会，中共中央政治局委员、上海市委书记李强、最高人民检察院检察长张军分别作出批示，最高人民检察院常务副检察长童建明视频致辞。

38. 2021 年 11 月 19 日，最高人民检察院联合中央广播电视总台举办大型未成年人法治节目《守护明天》5 周年暨第五季开播仪式。最高人民检察院检察长张军，中宣部副部长、中央广播电视总台台长慎海雄出席并讲话。11 月 20 日至 29 日，《守护明天》第五季在社会与法频道播出，收视率再创新高。

39. 2021 年 12 月 7 日，最高人民检察院第九检察厅举办“如何在食品包装领域合力护航未成年人健康成长”研讨会，推进未成年人食品包装治理，更好护航未成年人健康成长。

40. 2021 年 12 月 24 日，十三届全国政协第 58 次双周协商座谈会围绕“促进未成年人权益的司法保护”协商座谈，中共中央政治局常委、全国政协主席汪洋主持会议，最高人民检察院检察长张军出席会议介绍相关工作情况。

【地方工作】

江苏省高级人民法院　江苏省人民检察院
江苏省公安厅　江苏省民政厅　江苏省妇女联合会

关于印发《关于在涉未成年人案件中开展家庭教育指导工作的实施意见（试行）》的通知

（2022 年 1 月 17 日）

各设区市中级人民法院、人民检察院、公安局、民政局、妇联：

为进一步贯彻习近平总书记关于注重家庭家教家风建设重要论述，推动《中华人民共和国家庭教育促进法》《江苏省家庭教育促进条例》落地落实，经江苏省高级人民法院、江苏省人民检察院、江苏省公安厅、江苏省民政厅、江苏省妇女联合会研究会商，决定在全省范围内开展涉未成年人案件家庭教育指导工作，现将制定的《实施意见》（试行）下发，请各地结合实际，认真贯彻执行。

关于在涉未成年人案件中开展家庭教育指导工作的实施意见（试行）

第一条【宗旨目的】为贯彻最有利于未成年人原则，推动落实家庭监护主体责任，优化未成年人家庭成长环境，预防和减少未成年人违法犯罪，保护未成年人合法权益，根据《中华人民共和国未成年人保护法》《中华人民共和国预防未成年人犯罪法》《中华人民共和国家庭教育促进法》《江苏省家庭教育促进条例》等法律法规，结合本省实际，制定本意见。

第二条【内涵概念】本意见所称的家庭教育指导是指公安机关、人民检察院、人民法院（以下简称办案机关）在办案过程中，发现未成年人的父母或者其他监护人存在侵害未成年人合法权益、不依法履行监护职责或者履职不当、不力等情形，依法责令、要求未成年人父母或其他监护人接受一定时间的家庭教育辅导，督促和引导其正确履行监护职责。

第三条【适用范围】办案机关在办理案件过程中，发现未成年人的父母或者其他监护人有下列情形的，可以责令其接受家庭教育指导：

（一）侵犯未成年人合法权益的；

（二）被监护未成年人实施严重不良行为或者实施犯罪行为的；

（三）不依法履行监护职责，致使未成年人遭受他人犯罪行为侵害的；

（四）不积极协助、配合做好涉案未成年人的考察帮教；

（五）涉未成年人民事案件中，未成年人的父母或者其他监护人，怠于或不当履行未成年人监护职责，法院认为有必要的；

（六）其他应当接受家庭教育指导的情形。

第四条【社会调查】办案机关在办案工作中发现存在本意见第三条所列情形之一的，可以自行或者委托有关社会组织、机构对涉案未成年人的成长经历、监护状况、涉案原因等情况进行社会调查，并根据调查结果评估采取家庭教育指导的必要性。

第五条【制发决定书】办案机关经过社会调查，决定责令涉案未成年人父母或其他监护人接受家庭教育指导的，应当制作相应的文书，要求其在指定时间到指定地点报到，接受家庭教育指导。

第六条【委托第三方】如委托第三方开展家庭教育指导，作出决定的机关应当及时与有关社会组织、机构对接，向其发出家庭教育指导委托函。

第七条【教育内容】家庭教育指导主要包括以下内容：

（一）督促监护人加强法律知识学习，掌握法治教育的内容和方法，同时教育监护人培养未成年人法律素养，保持对法律的敬畏之心，提高守法意识和自我保护能力；

（二）督促监护人加强心理学、教育学等知识学习，掌握科学的家庭教育理念和方法，改善亲子关系；

（三）帮助监护人培养未成年子女良好行为习惯，树立正确价值观；

（四）教导监护人学习有效的沟通方式；

（五）引导监护人改变不当教养方式；

（六）指导监护人重塑良好家庭关系、营造和谐家庭氛围；

（七）对离婚诉讼的当事人，明确告知分居或离异后应相互配合履行家庭教育责任，强化其履责意识，提升其履责能力。

第八条【教育形式】家庭教育指导以单独辅导、家庭辅导、团体辅导的形式开展。可采用课堂教学、实境教育、网络指导等方法手段，采取一个家庭一套方案，要求未成年人父母或其他监护人根据规定完成必要的学时任务。在开展家庭教育指导过程中，可以吸纳未成年人共同参与，实现双向教育，提升家庭教育指导效果。

第九条【督促落实】办案机关可以自行，也可联合妇联、民政，或委托有关社会组织、机构制定有针对性的家庭教育指导方案，并定期与未成年人父母或者其他监护人、专业机构人员等进行沟通，了解家庭教育指导进展情况，可以根据未成年人父母或者其他监护人接受指导的情况、履行监护职责的意愿及能力、亲子关系改进情况等进行动态评估，适时调整实施方案和指导措施。

第十条【跟踪回访】委托第三方进行家庭教育指导的，在指导结束后，有关社会组织、机构应当出具家庭教育指导报告。结束六个月内，办案机关可以对未成年人及其父母或者其他监护人进行回访，结合有关社会组织、机构的报告，对家庭教育指导效果进行评估。

第十一条【法律后果】未成年人的父母或其他监护人被办案机关责令接受家庭教育指导无正当理由拒不参加的，作出决定的机关可以依法对其进行训诫等处理。检察机关可根据情况依法发出督促监护令。

父母或者其他监护人对未成年人实施的行为，属于《中华人民共和国民法典》第三十六条规定应当撤销监护人资格情形的，检察机关可以建议或支持法律规定的有关个人或组织向法院申请撤销监护人资格。

未成年人父母或其他监护人接受家庭教育的效果，可以作为办案机关处理案件的参考。

第十二条【隐私保护】办案机关应当依法保护接受家庭教育指导人员的个人信息、名誉、隐私，尊重其人格尊严。受委托开展家庭教育指导的专业机构及其工作人员应当签署保密协议，依法不得公开或者传播能够识别未成年人及其父母或者其他监护人身份的各种信息。

开展家庭教育指导工作，应当充分听取未成年人父母或者其他监护人的意见，保障其合法权益，避免影响其正常的工作、学习和生活。

第十三条【联动协作】办案机关、民政、妇联应当加强与教育、卫健、村（居）民委员会等部门的协作配合，建立健全家庭教育指导工作信息共享、联合联动的工作机制，形成未成年人保护齐抓共管的工作格局。

第十四条【保障机制】本意见中办案机关委托的有关社会组织、机构依法开展家庭教育指导，所需费用不得向未成年人父母或者其他监护人收取。作出决定机关可以结合本年度需求情况，将所需费用列入本单位年度经费预算。各办案机关、民政、妇联等部门应联合会商协调，积极向本级财政争取专项工作经费。

民政、妇联要做好社会组织的培训、培育，推动制定家庭教育指导相关标准，指导社会组织强化日常管理、提升专业水平。

民政、妇联要配合办案机关定期总结梳理工作成果，对成绩突出的，及时进行经验宣传和案例推广。

第十五条【附则】本意见自印发之日起执行。

江西省高级人民法院
关于印发在涉未成年人案件中开展家庭教育指导的实施意见的通知

2022年4月20日　　　　　　　　　　赣高法〔2022〕45号

全省各级法院：

《江西省高级人民法院关于在涉未成年人案件中开展家庭教育指导的实施意见》经2022年3月17日省法院第三次审委会讨论通过，现印发给你们，请认真贯彻执行。执行中有何问题，及时向我院反馈。

关于在涉未成年人案件中开展家庭教育指导的实施意见

为了加强未成年人合法权益保障，筑牢未成年人家庭保护防线，预防未成年人违法犯罪，为未成年人健康成长营造良好环境，根据《中华人民共和国未成年人保护法》《中华人民共和国预防未成年人犯罪法》《中华人民共和国家庭教育促进法》《中华人民共和国反家庭暴力法》《江西省未成年人保护条例》等法律法规的规定，结合本省实际，制定本意见。

第一条　本意见所称家庭教育指导，是指在审理涉未成年人案件中，指导涉案未成年人的父母或其他监护人依照《中华人民共和国家庭教育促进法》开展家庭教育，并根据案件情况有针对性地开展社会主义核心价值观教育、法治教育、亲子关系教育、预防犯罪和不良行为矫治教育、督促刑罚执行教育等，引导涉案未成年人的父母或其他监护人树立正确家庭教育理念，依法履行监护职责，为未成年人健康成长营造良好家庭环境，防范因未依法履行监护职责而侵犯未成年人合法权益，或者导致未成年人走上违法犯罪道路。

第二条 家庭教育指导应根据不同的案件进行。对于涉及未成年子女的抚养权、抚养费、探望权纠纷案件，监护权纠纷案件，亲子关系纠纷案件等，尤其是涉及留守未成年人的上述案件，可以开展家庭教育指导。

在审理下列案件过程中，应当开展家庭教育指导：

（一）涉及未成年子女的离婚案件；

（二）涉及家庭暴力的家事案件；

（三）未成年人实施严重不良行为或犯罪行为的案件；

（四）未成年人的父母或者其他监护人侵害未成年人合法权益的案件；

（五）因家庭教育缺失或者不当导致未成年人受侵害的案件；

（六）伤害、性侵、绑架、拐卖、拐骗、虐待、遗弃未成年人的犯罪案件；

（七）在审理涉未成年人案件过程中，父母或其他监护人主动申请家庭教育指导的案件。

第三条 人民法院可以根据涉未成年人案件情况、未成年人的家庭情况和性格特点等制定家庭教育指导计划，明确指导内容、方式及目的。

为了增强家庭教育指导的针对性和实效性，在开展家庭教育指导前，可以通过阅卷、走访、查看社会调查报告等方式，了解未成年人及其家庭的有关情况，也可以自行调查或委托有关社会组织、机构进行社会调查，确定家庭教育指导的侧重点。

第四条 开展家庭教育指导，应当按照《中华人民共和国家庭教育促进法》第十六条的规定，指导未成年人的监护人开展家庭教育。

针对个案情况，还可以突出围绕下列内容，指导未成年人的监护人开展家庭教育：

（一）社会主义核心价值观教育。指导监护人培养未成年人的良好品行，教育未成年人爱党、爱国、爱人民、爱集体、爱社会主义，树立维护国家统一的观念，铸牢中华民族共同体意识，培养家国情怀。促使未成年人崇德向善、尊老爱幼、热爱家庭、勤俭节约、团结互助、诚信友爱、遵纪守法，培养其良好社会公德、家庭美德、个人品德意识。

（二）法治教育。结合案件中涉及的监护权利与义务，监护人是否了解并履行监护职责、是否存在监护禁止行为等，对监护人的监护职责进行法治教育，指导监护人学习法律知识、切实履行监护职责，防止其侵害未成年人的合法权益，教育其提高未成年人的法治意识。

（三）亲子关系教育。对监护人进行沟通技巧、情绪控制、良好家庭关系构建等方面的教育，帮助监护人加强与未成年人的沟通交流，营造良好的亲子关系，树立优良家风。在涉家庭暴力案件中，对施暴人进行教育，依法追究法律责任；对被施暴的未成年人实施心理疏导。

（四）预防犯罪和不良行为矫治教育。关注未成年人心理健康，预防未成年人违法犯罪。发现未成年人心理、行为异常或有不良行为时，监护人应当及时进行教育、引导、劝诫和管教；发现有人教唆、胁迫、引诱未成年人实施严重不良行为和违法犯罪的，监护人应当立即向公安机关报告。监护人发现未成年人实施严重不良行为无力管教时，可以向教育行政部门申请送入专门学校接受专门教育。对人身安全受到威胁的未成年人，应当立即采取有效保护措施。

（五）督促刑罚执行教育。指导监护人配合公安机关对有严重不良行为的未成年人进行矫治教育；配合社区矫正机构做好未成年罪犯社区矫正；配合服刑机关执行刑罚；配合相关机关对刑满释放的未成年罪犯做好安置帮教工作，促进回归社会。

第五条　在审理伤害、性侵、绑架、拐卖、拐骗、虐待、遗弃未成年人犯罪中，应当指导监护人为未成年被害人尤其是留守未成年人提供安全稳定的生活环境，积极开展心理创伤修复，帮助其回归家庭和健康成长。强化监护人的防范犯罪意识，教育未成年被害人提高自我保护意识和能力。

在办理案件过程中，可以适当延伸职能范围，加强对留守未成年人、严重暴力犯罪被害人的未成年子女、服刑人员未成年子女等困境儿童的关心和救助，指导监护人及被委托照护人共同履行家庭教育责任，定期了解未成年人学习、生活情况和心理状况，创造家庭教育条件，为未成年人健康成长营造良好家庭氛围。

第六条 家庭教育指导可以在开庭时开展，也可以在庭前、庭后开展，可以通过发出《家庭教育指导令》、开设“家长课堂”、撰写判后寄语等多种形式开展。

人民法院开展家庭教育指导时，可以根据有利于未成年人的原则，安排未成年人旁听。

对于未成年人的父母或其他监护人无正当理由拒不接受指导的，可以予以训诫。

第七条 人民法院发现未成年人遭受家庭暴力，或者其合法权益受到监护人侵犯的，可以综合运用告诫书、人身安全保护令、撤销监护人资格等措施，加强对施暴人和侵权人的惩戒和教育。家庭暴力情节严重的，应当向公安机关通报。

第八条 开展家庭教育指导后，人民法院可以进行跟踪回访，对家庭教育的效果进行评估。未成年人的父母或其他监护人经家庭教育指导仍不履行监护职责的，应当予以训诫。人民法院可以指导村（居）民委员会加强对监护人的监督。

第九条 人民法院可以依托社区家长学校、家庭教育指导服务站点，提供公益性家庭教育指导。

第十条 人民法院应当依法保护接受家庭教育指导人员的隐私权和个人信息，尊重其人格尊严，不得泄露审判秘密。家庭教育指导计划和开展情况等材料装入案卷归档。

第十一条 人民法院可以加强与检察院、民政、妇联、教育行政部门等协作配合，建立家庭教育工作联动机制，共同做好家庭教育工作。

法官和法官助理是开展家庭教育指导的实施主体。必要时，可以邀请检察人员、人民陪审员、社会调查员、心理咨询师、共青团干部、妇联干部、学校教师或其他相关专业人士等一并参与。

第十二条 在开展家庭教育指导的同时，可以综合采用心理干预、经济救助、法律援助、生活安置、复学就业等综合保护救助措施，尽最大努力关爱、保护未成年人。

第十三条 人民法院要认真贯彻落实"谁执法谁普法"工作责任制，深入开展普法宣传工作，促进《中华人民共和国家庭教育促进法》与《中华人民共和国民法典》《中华人民共和国未成年人保护法》《中华人民共和国预防未成年人犯罪法》《中华人民共和国反家庭暴力法》等实施相衔接，营造共同做好家庭教育的良好社会氛围。

【地方案例选登】

安徽法院未成年人审判典型案例

案例一：丁某等人组织、强迫卖淫、强奸、引诱幼女卖淫案

一、基本案情

2019年6月以来，丁某伙同多人，通过网络聊天、朋友介绍等方式认识14名未成年女性，后以谈对象或者其他方式，哄骗被害人长期居住在阜阳市多家酒店或者公寓，通过“上门服务”形式在阜阳、合肥、南京等地从事卖淫，共非法获利90余万元。2019年5月至案发，丁某奸淫未成年女性10起，其中6人系幼女，轮奸1起。其间，丁某还参与引诱1名幼女多次卖淫。

二、裁判结果

人民法院认为，丁某犯罪时已满16周岁不满18周岁，依法应当从轻处罚；丁某在羁押期间检举、揭发他人强奸犯罪事实，二审期间经查证属实，构成立功，但其犯罪行为侵害了十余名未成年被害人，其中涉及多名幼女，主观恶性和社会危害性大，不足以从宽处罚。故以组织、强迫卖淫罪，强奸罪，引诱幼女卖淫罪，数罪并罚后决定执行有期徒刑二十年，并处罚金人民币三十五万元。

三、典型意义

本案是双方当事人均系未成年人的典型案例。安徽法院不断加大对未成年人司法保护力度，着力提升审判质效。一方面，既依法保护未成年被告人权益，对未成年人犯罪坚持“教育、感化、挽救”的方针和“教育为主、惩罚为辅”的原则；另一方面，又依法保护未成年被害人权益，严惩针对未成年人的拐卖、强奸等挑战法律和社会伦理底线的重大犯罪，宣示“侵害孩子者，必严惩不贷”的鲜明立场。

近年来，安徽法院坚持未成年人利益最大化原则，不断深化未成年人案件综合审判改革，全面贯彻落实《刑法》《刑事诉讼法》《未成年人保护法》《预防未成年人犯罪法》《家庭教育促进法》等法律，把对未成年被告人、未成年被害人的“双向保护”贯穿始终，确保未成年人依法得到特殊、优先保护。本案的裁判结果，较好地把握了未成年人刑事司法保护政策，体现了对性侵未成年人犯罪依法严惩的鲜明态度，彰显了维护未成年人合法权益的坚定决心。

案例二：张某某虐待未成年子女案

一、基本案情

张某某与丈夫生育三女一子，第三个女儿姚某某出生后由祖母抚养，4岁时回到父母身边。因婆媳关系不和等原因，张某某歧视姚某某，经常以挨饿、打骂、单独锁在家中等方式惩罚姚某某，持续时间长达一年。案发后经鉴定，姚某某头部、面部、腰部、躯干等多处陈旧性伤痕，损伤程度构成轻伤二级。

二、裁判结果

人民法院认为，被告人张某某虐待未成年子女，情节恶劣，其行为已构成虐待罪，故判处有期徒刑一年，缓刑一年；同时发出禁止令，禁止张某某再以挨饿、殴打等方式对姚某某实施虐待行为。

三、典型意义

本案是母亲虐待亲生子女的典型案例。人民法院判前充分评估、判后会同司法行政、民政、妇联等相关部门持续回访帮教，帮助姚某某顺利入学就读；通过对失责母亲适用缓刑并发出禁止令，避免了虐待悲剧重演，亲子关系得到明显修复。

现实中，一些父母把孩子当成自己的“私有财产”，认为打孩子是关起门来的“家务事”，别人问不着，知情人也多保持沉默，以至于造成严重后果。实际上，孩子不仅是父母的孩子，也是国家的公民，带娃不能任性，歧视和虐待儿童势必受到道德上的谴责，更是于法不容。

在案件审理过程中，法官通过释法明理、说服教育，张某某认识到家庭是孩子的第一所学校，父母是孩子的第一任老师；对子女的抚养、教育和保护，既是父母的权利，也是父母的义务。本案中，妇联和民政部门在发现未成年人遭受监护人虐待时主动作为、依法保护，司法机关会同当地政府联手帮教，充分体现了《未成年人保护法》确立的国家亲权责任。国家保障未成年人的生存权、发展权、受保护权、参与权等权利，任何组织和个人发现不利于未成年人身心健康或者侵犯未成年人合法权益情形的，都有权劝阻、制止或者向公安、民政、教育等有关部门提出检举、控告；公安司法机关应当依法履行职责，保障未成年人合法权益。只有全社会共同发力，才能构筑起全方位的未成年人权益保护体系，为国家的未来、民族的希望保驾护航。

案例三：张某某、吉力某某拐卖儿童案

一、基本案情

2015年底，张某某（未婚）、吉力某某（离异）结识并发展成情侣关系，后张某某将已经怀有身孕的吉力某某带至合肥市瑶海区租赁房同居。2016 年 8 月 5 日，吉力某某产下一名男婴，该男婴系吉力某某同他人所孕育。因经济条件紧张，张某某、吉力某某无抚养意愿，合谋将男婴以 5 万元价格，通过中间人介绍前往深圳出卖。2019 年 9 月 26 日，张某某自动到合肥市公安局瑶海分局投案，如实供述了自己的犯罪事实；吉力某某亦被抓获归案。

二、裁判结果

人民法院认为，被告人张某某、吉力某某以非法获利为目的共同拐卖儿童，其行为均已构成拐卖儿童罪。在共同犯罪中，张某某、吉力某某均积极主动实施犯罪，所起作用相当，不宜区分主从犯。张某某自动投案，如实供述自己的犯罪事实，具有自首情节，一审庭审中自愿认罪，依法从轻处罚；吉力某某到案后如实供述自己的罪行，但在一审庭审时否认公诉机关指控的主要犯罪事实，依法不构成坦白。据此，以拐卖儿童罪，判处被告人张某某有期徒刑五年，并处罚金人民币五千元；判处被告人吉力某某有期徒刑五年六个月，并处罚金人民币五千元。

三、典型意义

本案是以非法获利为目的出卖亲生子女构成拐卖儿童罪的典型案例。对于父母以出卖为目的，将亲生子女私自送给他人并收取钱财的行为，应当以拐卖儿童罪论处。本案中，吉力某某与张某某合谋，联系中间人寻找买家，收取数额较大的钱财，把亲生男婴当作商品出卖，侵害了未成年人的人身权、人格权等基本人权，已经超出了“家事”范畴，具有严重的社会危害性。人民法院依法对被告人判处刑罚，体现了对拐卖儿童犯罪的零容忍，对保护儿童权益的零懈怠。

案例四：对罪犯子女延伸帮扶案

一、基本案情

2013—2018 年，李某某因债务纠纷等事由，单独或伙同妻子刘某某实施寻衅滋事、非法侵入住宅、敲诈勒索等行为。二人育有 4 名未成年子女。

二、裁判结果

人民法院认为，李某某构成寻衅滋事罪、敲诈勒索罪、非法侵入住宅罪，数罪并罚后决定执行有期徒刑十年；刘某某构成寻衅滋事罪、非法侵入住宅罪，数罪并罚后决定执行有期徒刑二年。裁判后，了解到李某某、刘某某的 4 名未成年子女暂由他人临时监护，身心健康出现了问题，为切实保障未成年人的合法权益，遂向人民政府发送司法建议。

三、典型意义

本案是人民法院延伸审判职能的典型案例。案件审结后，人民法院从最有利于未成人健康成长角度，向人民政府发送司法建议，推动解决罪犯未成年子女的监护、生活、教育问题，彰显了司法的温度。

保护未成年人，是国家机关、武装力量、政党、人民团体、企业事业单位、社会组织、城乡基层群众性自治组织、未成年人的监护人以及其他成年人的共同责任。司法机关对李某某夫妇追究刑事责任，虽不直接关涉未成年人，但 4 名未成年子女的家庭保护面临问题。人民法院积极延伸审判职能，将“天理、国法、人情”融入刑事审判实践中，通过发出司法建议，推动“司法保护”与“政府保护”衔接，协调解决了罪犯 4 名未成年子女的实际困难。

案例五：对怠于履行监护职责的父母发出家庭教育令案

一、基本案情

徐某某（女）与张某某（男）于 2009 年相识、相恋，双方于 2010 年 3 月 6 日登记结婚，同年 5 月 21 日生育长女张某 1，2019 年 2 月 28 日生育次女张某 2。2021 年 12 月，原告徐某某起诉被告张某某要求离婚，同时要求长女张某 1 由徐某某抚养，次女张某 2 由张某某抚养。

人民法院在审理中发现，夫妻育有二女，感情基础良好，没有原则性矛盾，双方争议焦点是次女张某 2 的抚养、照护问题，在生活中发生的矛盾亦全部围绕次女张某 2 产生。次女张某 2 出生后与正常孩子不一样，经多家医院治疗未果，后经上海复旦大学附属儿科医院检测，患有常染色体显性智力障碍 13 型疾病，不会说话，行动不便，无任何分辨能力，系基因突变，医生明确表示无法治愈。由于次女患有智力障碍疾病，父母怠于照料，甚至推卸抚养责任。徐某某作为母亲，在次女身体出现疾病时没有全身心地养育照顾，反而搬出住所，不闻不问，更欲通过离婚的形式逃避抚养责任。张某某作为父亲，在庭审中亦明确表示不愿履行抚养义务。

二、裁判结果

人民法院认为，父母对未成年子女负有监护职责，不得因性别、身体状况、智力等歧视未成年人。为保护张某 2 的合法权益，判决不准予离婚，并向双方发出《家庭教育令》，责令双方履行监护职责，共同抚养、教育、保护次女张某 2。

二、典型意义

2022 年 1 月 1 日《家庭教育促进法》正式施行，家庭教育从传统“家事”上升为“国事”，开启了中国父母“依法带娃”新时代。法律规定，未成年人的父母应当互相配合履行家庭教育责任，任何一方不得拒绝或者怠于履行，不得因身体状况等歧视未成年人。

就本案而言，一旦人民法院判决准予离婚，无辜的孩子就可能变成“弃儿”，得不到亲生父母的关爱。对于张某2，夫妻双方在主观上均怠于承担监护职责，属于《家庭教育促进法》中规定的“拒绝或者怠于履行”家庭教育责任的行为，为此，法院在判决的同时“精准发令”，责令徐某某、张某某共同承担家庭教育主体责任。

发出安徽首份《家庭教育令》后，人民法院“温暖守令”，开展判后回访。目前，双方感情回暖，徐某某已搬回家中居住，夫妻俩对家务进行适度分工，徐某某把重心放在照护两个女儿身上，张某某继续在“饿了么”平台送外卖赚钱养家。

案例六：民政部门申请撤销监护人资格案

一、基本案情

郭某某、周某某未达法定结婚年龄即同居生活，2014年10月3日生子，取名郭某1。郭某1智力发育迟缓，语言功能落后于同龄儿童，不能正常生活。郭某某、周某某因郭某1的抚养问题产生矛盾并分手。2017年11月13日，周某某将郭某1放置在黄某某（郭某1祖母）浙江省慈溪市周巷镇的租房处后离开，但黄某某拒绝接收郭某1，后慈溪市公安局周巷中心派出所将郭某1送至浙江省慈溪市福利院暂养。2020年8月5日，郭某1又被送至定远县流浪乞讨人员救助站暂养。郭某某和周某某明知郭某1在福利院、救助站暂养，拒绝履行法定监护职责和抚养义务，均不愿把郭某1领回抚养。2021年8月11日，人民法院均以遗弃罪分别判处郭某某、周某某一年六个月。因郭某1的其他近亲属均无经济能力抚养，民政局遂向人民法院提出撤销监护权之诉，申请撤销郭某某、周某某的监护人资格并指定民政部门为郭某1的监护人，检察机关出庭支持民政部门的申请。

二、裁判结果

人民法院认为，监护人应当履行监护职责，维护被监护人的合法权益。郭某某、周某某作为郭某 1 的父母，生而不养，拒不履行监护职责，严重威胁儿童的生命安全和身心健康，严重侵害残疾儿童的合法权益，构成遗弃罪，依法负有刑事责任。根据《最高人民法院、最高人民检察院、公安部、民政部关于依法处理监护人侵害未成年人权益行为若干问题的意见》第三十五条规定，监护人遗弃未成年人，严重损害未成年人身心健康的，根据有关个人或组织的申请，人民法院可以判决撤销其监护人资格。据此，民政部门申请撤销郭某某、周某某的监护人资格具有事实和法律依据，但是，监护人的监护资格被撤销后，并不免除继续履行负担郭某 1 抚养费的义务。鉴于郭某 1 的祖父已去世、祖母生活困难，外祖父母经济条件差且身体状况不佳，均不具备监护能力，亦没有其他依法具有监护资格的人，故根据《民法典》第三十六条的规定，判决撤销郭某某、周某某的监护人资格，指定申请人民政局为郭某 1 的监护人。

三、典型意义

本案是《民法典》实施后安徽省首个由法院指定民政部门担任残疾儿童监护人的案件，也是修订后的《未成年人保护法》实施后安徽首例因父母遗弃残疾子女由法院撤销监护人资格的案件。残疾人是社会特殊困难群体，残疾儿童更需要全社会格外关心、倍加关注。2021 年 1 月 1 日实施的《民法典》构建了家庭、社会和国家于一体的多元监护保障体系，明确民政部门承担国家监护责任。2021 年 6 月 1 日，修订后的《未成年人保护法》赋予民政部门法定的临时监护和长期监护职责。

本案集聚法院、检察院、民政、公安等多部门力量，以实际行动向社会传递“孩子不仅是家庭的，也是国家的”理念。人民法院根据民政部门申请，撤销监护人资格，并依法指定民政部门作为监护人，体现了最有利于被监护人原则。

福建法院未成年人权益保护典型案例

案例一：陈某与厦门市社会福利中心收养关系纠纷案

——为维护被监护人合法权益，监护人可单方解除寄养合同

一、基本案情

2021年2月25日，陈某与厦门市社会福利中心下属厦门市儿童福利院签订《抚养协议》，约定由陈某夫妇抚养儿童于某至成年，于某因身份问题无法办理收养手续，监护权仍归厦门市儿童福利院。7月9日，福利院经评估，认为陈某家庭在人均居住面积等方面不符合寄养条件，不适宜养育于某。7月14日，福利院工作人员前往陈某家中接回于某，陈某在《抚养协议》尾部注明“于2021年7月14日（不）终止抚养协议”，陈某夫妇在协议中签名捺印。陈某起诉主张协议未解除，福利中心应继续履行，福利中心辩称协议已解除。法官审理查明，陈某系残疾人，其妻子张某系主要照料人，于某在陈某家中寄养时曾走失。案件审理期间，陈某、张某离婚，张某声明放弃就本案享有的权利，于某通过录制视频表示不愿意回到陈某家中寄养。

二、裁判结果

厦门市中级人民法院经审理认为，《抚养协议》尾部“于2021年7月14日（不）终止抚养协议”为陈某亲笔书写，其中“不”字事后添

加的痕迹明显，陈某如无意解除协议并无须书写该内容，故可认定双方自愿解除协议。退一步，即使双方未合意解除协议，福利中心亦有权单方解除。《抚养协议》实为寄养协议，根据《家庭寄养办法》第二条规定，家庭寄养指的是经过规定的程序将民政部门监护的儿童委托在符合条件的家庭中养育的照料模式，也即寄养是委托抚养行为，根据《民法典》第四百六十四条第二款有关身份关系协议可参照适用合同编规定的规定，参照《民法典》第九百三十三条有关委托人任意解除权的规定，福利中心有权随时单方解除协议。此外，结合福利中心的考察评估及陈某的自认，陈某的经济来源主要为亲属资助，住房条件也不符合要求，陈某系残疾人，并不适宜照料于某，而作为主要照料人的张某也已与陈某离婚且放弃对本案权利的主张，故陈某继续履行协议的主要条件已经丧失。现福利中心不同意由陈某继续抚养于某，陈某要求福利中心继续履行协议无事实和法律依据，不予支持。

三、典型意义

监护权是监护人对被监护人的人身权利、财产权利和其他合法权利实施监督、保护的身份权。监护人将被监护人寄养他人抚养是委托抚养的行为，并不解除监护人与被监护人之间的监护关系，也不影响监护人在必要时单方解除委托抚养协议自行抚养，尤其是在被监护人的身心健康可能遭受不利影响的情况下，委托抚养协议更应及时解除。监护人在选择寄养家庭时应充分考察、评估被寄养家庭的条件，并在寄养过程中及时跟踪、了解被寄养人的生活、学习状况，必要时立即采取措施最大程度维护被监护人的合法权益。

案例二：被告人汤某某强制侮辱案

——依法严惩校园霸凌犯罪

一、基本案情

被告人汤某某与被害人朱某均系某职业大专学生，二人系舍友。同宿舍的付某某因个人纠纷欲教训朱某。嗣后，付某某纠集汤某某等人一同威胁朱某饮酒，趁朱某处于醉酒状态，付某某采用残忍手段对其进行强制侮辱，并由汤某某拍摄视频后发送给其他同学。同校同学收到视频后报警，汤某某在老师的带领下至派出所接受调查，到案后能如实供述犯罪事实。案发后，经诊断，被害人朱某伴有精神病性症状的重度抑郁发作。另查明，同案人付某某、陈某某未达刑事责任年龄。汤某某另以非法占有为目的，采用虚构事实的方式，骗取他人钱款共计23万余元，数额巨大。

二、裁判结果

翔安区人民法院经审理，依照《刑法》相关规定，以强制侮辱罪判处被告人汤某某有期徒刑二年六个月；以诈骗罪判处被告人汤某某有期徒刑三年三个月，并处罚金人民币五千元；数罪并罚，决定对被告人汤某某执行有期徒刑五年五个月，并处罚金人民币五千元。宣判后，被告人汤某某、被害人朱某均未上诉，公诉机关亦未抗诉。判决已发生法律效力。

三、典型意义

本案是一起典型的校园霸凌犯罪案件。虽然被告人具有自首情节、系从犯且自愿认罪认罚，但其参与劝酒、拍摄视频并广泛传播致被害人重度精神抑郁，社会影响恶劣，应依法从严追究其刑事责任。在了解到被害人出现严重心理问题，且缺乏有效的医疗救治资源后，翔安区人民法院积极帮助其联系心理诊疗驿站、精神病专科医院专家，主审法官陪同诊治，并就心理疏导预约难等问题与医院有效沟通解决。结案后长期关爱回访，关心被害人相关民事诉讼情况及心理健康恢复情况，充分彰显司法人文关怀。同时，积极延伸审判职能，向学校及所在区教育局发出司法建议，推动完善校园安防机制、引导学生建立正确价值观、强化法治教育及心理疏导，重视家庭教育和学校教育双结合。

案例三：石某与东瑶村民小组侵害集体经济组织成员权益纠纷案

——未成年人集体经济组织成员权益的保障

一、基本案情

原告石某系集体经济组织成员，原告母亲陈某户籍一直在被告处，与被告有土地承包关系。2019 年 9 月 11 日，被告确认原告母亲持有被告所在东瑶村股份经济合作社股份 10 股。原告自出生随母亲落户在被告处，依法取得被告集体经济组织成员资格。被告集体所有的土地被依法征收，取得相应征地补偿款。2019 年 11 月 22 日，被告决定二次分配征地补偿款，对 2018 年 7 月 1 日至 2019 年 6 月 30 日新出生未取得承包地的人员每人发放新增人口补偿款 5 万元。被告却以原告系外嫁女子女为由拒绝将上述款项发放给原告，损害了原告的合法权益。原告为维护自身合法权益，遂向人民法院提起诉讼，请求判令：被告支付原告征地补偿款 5 万元。

二、裁判结果

海沧区人民法院经审理认为：本案系侵害集体经济组织成员权益纠纷。原告石某的母亲陈某系被告集体经济组织成员，享有土地承包经营权，原告出生后随母亲落户被告处，也居住生活在被告处，其自出生之日起即原始取得被告的集体成员资格，系被告集体经济组织的新增成员。农村集体土地属村民集体所有，土地被征收后，村民小组决定在本集体经济组织内部分配已经收到的征地补偿款，对其集体成员应同等对待。通过法律规定的民主议定程序，村民小组在决定征地补偿款的分配数额方面享有较大的自主权，但村民小组在民主议定分配方案确定分配对象时，应当遵循男女平等原则，避免剥夺具有本集体经济组织成员资格的人分配征地补偿款的权利。《最高人民法院关于审理涉及农村土地承包纠纷案件适用法律问题的解释》（法释〔2005〕6号）第二十四条规定："农村集体经济组织或者村民委员会、村民小组，可以依照法律规定的民主议定程序，决定在本集体经济组织内部分配已经收到的土地补偿费。征地补偿安置方案确定时已经具有本集体经济组织成员资格的人，请求支付相应份额的，应予支持。"因此，原告请求被告支付征地补偿款5万元，具有事实和法律依据，应予以支持。本案当事人均未上诉，一审判决已生效。

三、典型意义

本案涉及认定未成年人是否属于集体经济组织成员，是否具有集体经济组织成员资格，是否享有集体经济组织成员资格的权益。本案依据未成年人的生活基础系依赖于其父母，父母双方或者一方具有本集体经济组织成员资格，其自出生就落户于该集体经济组织，则未成年人基于出生自然取得该集体经济组织成员资格，即原始取得该集体经济组织成员资格。本案对保障未成年人作为集体经济组织成员权益具有重要意义。

案例四：原告李某、邹某与被告某市政建设工程有限公司、徐某、某村村民委员会地面施工、地下设施损害责任纠纷案

——农村未成年人风险防范保护问题

一、基本案情

2021 年 5 月 31 日 18 时 30 分左右，未成年人李某某从奶奶家返回自己家的路上，通过某市政工程公司施工的污水管道路面时（当天下过雨），不慎跌入道路旁的某村李氏祠堂门前的池塘。当天 20 时 30 分许李某某被打捞起时，已没有生命体征，被宣告死亡。事后，未成年人李某某的父母李某、邹某与施工单位某市政工程公司因为赔偿问题未能达成一致意见，遂于 2021 年 7 月 23 日将某市政工程公司及其施工和管理方徐某、某村村民委员会诉至人民法院。李某、邹某诉称因事发时，该路面在进行污水管道的施工，某市政工程公司、徐某作为污水管道路的施工方和管理方，未设置安全警示标志，未采取有效的安全防护措施，又将挖掘机停靠在道路中，未尽到安全保障义务，存在重大的过错。某村村民委员会系池塘的所有者和管理者，疏于管理，在池塘边未尽到安全保障义务，与本案事故的发生也有一定的因果关系。故诉请人民法院判令：某市政工程公司、徐某共同赔偿李某、邹某各项经济损失 30% 的责任、某村村民委员会赔偿李某、邹某各项经济损失 20% 的责任。

二、裁判结果

华安县人民法院审理认为，对无民事行为能力人李某某的溺亡，李某、邹某作为监护人负有重大监护过失责任，应自行承担各项损失总额 60% 的责任；某市政工程公司作为事故发生地道路污水管道施工方，没有

在工地加设安全防护措施和警示标志，应承担各项损失总额15%的侵权赔偿责任；某村村民委员会作为池塘的所与人和管理人没有尽到池塘的安全管理、防护及警示的义务，应承担各项损失总额25%的侵权赔偿责任；徐某作为某市政工程公司的工作人员履行的是职务行为，在本次事故中不承担责任。

三、典型意义

近年来，随着我国乡村振兴的持续发展，乡村道路、城市基础设施建设等工程日渐增多，农村儿童的健康安全成长环境应备受关注。本案无民事行为能力人李某某只有4周岁，事发当天下暴雨，又因为地面施工路面泥泞不堪，加剧行走的危险性。如果本案未成年人的监护人、村委会和施工方都能具有风险预判防范意识和安全保障的法律意识，那么可以最大程度避免类似本案悲剧的发生。因此，本案的判决可以起到警示和教育作用，推动施工方、村民委员会、儿童监护人等主体切实履行安全保障义务，及时预判防范风险，加强未成年人保护，给未成年人健康成长创造良好环境。

案例五：施某诉肖某变更子女抚养关系纠纷案

——发挥家庭教育督促令功能

一、基本案情

施某与肖某因感情不和，于2021年2月协议离婚。离婚协议约定，婚生子小明（化名）由肖某直接抚养，抚养费由肖某自行承担。由于肖某长年忙于生意，无暇顾及小明，致使小明长期寄宿在校。寄宿期间，肖某也仅仅是偶尔支付小部分生活费用，对小明的学习和生活状况关心甚少。2021年12月，施某以肖某未尽到抚养责任为由，请求人民法院判决将婚生子小明的抚养关系变更为由施某直接抚养。

二、裁判结果

泉港区人民法院针对肖某对孩子缺乏关心教育的行为予以训诫，肖某亦认识到错误。经调解，最终施某向人民法院申请撤诉。为进一步督促肖某履行其作为父亲的抚养义务和监护职责，承办法官向肖某发出《家庭教育督促令》，责令肖某多关注小明的生活情况和情感需求，增强家校沟通，切实履行监护职责，承担其家庭教育的主体责任。

三、典型意义

良好的家庭教育，对于孩子的全面健康成长至关重要。在不少涉未成年人违法犯罪案件中，不良少年的背后均存在不同程度的家庭教育缺失情况。本案发出的《家庭教育督促令》是在 2022 年 1 月 1 日《家庭教育促进法》正式实施后，泉港区人民法院出台的创新举措，旨在督促家长依法依规履行家庭教育责任，积极配合学校工作，加强与老师的沟通交流，形成教育合力，为孩子讲好“人生第一课”，帮助孩子扣好“人生第一粒扣子”。

案例六：姚某某诉蒋某某变更抚养关系纠纷案

——变更抚养关系不利于子女身心健康的不予支持

一、基本案情

蒋某某、姚某某于 2010 年 5 月 20 日登记结婚，2010 年 11 月 2 日生育长子蒋某浩，2016 年 12 月 27 日生育长女蒋某萱。2020 年 6 月 28 日，蒋某某与姚某某到福建省南平市建阳区民政局办理离婚登记。离婚时双方约定：婚生长子蒋某浩由姚某某抚养，婚生长女蒋某萱由蒋某某抚养，抚养费由双方各自承担。离婚后，蒋某某至厦门工作，月收入为 6800 元，租房居住。蒋某萱于 2020 年 8 月跟随蒋某某到厦门生活，随后就读于厦门市湖里区某幼儿园小班。2020 年 9 月 15 日，姚某某以不忍心将两个孩子分开，以其经济条件较好为由，向尤溪县人民法院起诉，要求变更蒋某萱由姚某某抚养。

二、裁判结果

尤溪县人民法院经审理认为，姚某某提供的证据无法证实蒋某某存在无力履行抚养义务、不尽抚养义务或虐待子女等对子女身心健康有不利影响的情形，且蒋某萱目前已跟随蒋某某在厦门生活，并就读于厦门幼儿园，若改变其生活与学习环境，则对孩子成长不利。故对姚某某要求变更子女抚养关系的请求，不予支持。一审宣判后，姚某某不服提出上诉。

三明市中级人民法院经审理认为，目前蒋某萱的生活、教育均有保障。姚某某与蒋某某协议离婚仅三个月，姚某某在未提供有利证据证明蒋某某在抚养期间存在无力履行抚养义务、不尽抚养义务或虐待子女行为等不利于子女身心健康的情形下，要求变更抚养关系，没有法律依据，不予支持。判决驳回上诉，维持原判。

三、典型意义

司法实践中，常常出现协议或者调解离婚后，不直接抚养未成年子女的一方又向法院起诉变更子女抚养关系的情形。在处理此类案件时，应当注意：（1）有抚养能力不必然产生变更抚养关系的法律后果。根据《最高人民法院关于适用〈中华人民共和国民法典〉婚姻家庭编的解释（一）》第五十六条的规定，不直接抚养的一方必须举证证明抚养人有不利于子女身心健康的情形，并且自己具有抚养能力，才能变更抚养关系。（2）从子女角度看，协议离婚后，年幼的婚生女随父亲共同生活且生活环境稳定，突然变更抚养关系，改变生活环境，对于子女来说需要大量的时间去调整适应，可能不利于其身心健康。（3）从情理角度看，子女的健康成长需要来自父母的共同关爱，但并非只有变更抚养关系才能解决。姚某某和蒋某某可以通过依法行使探望权等方式增进其与子女的亲密关系。本案有利于促进父母双方以子女利益为重，为未成年子女共同创造良好的生活、成长环境。

案例七：原告蔡某与被告陈某离婚案

——人民法院在审理离婚案件时对未成年子女父母提供家庭教育指导

一、基本案情

2018 年 9 月 3 日，蔡某与陈某在仙游县民政局办理结婚登记，2019 年 9 月 16 日生育女儿陈某某。女儿陈某某出生后一直随母亲蔡某生活。婚后，双方性格不合，缺少共同语言，时常因生活琐事发生争吵。现蔡某以夫妻感情破裂，无和好的可能为由诉至法院，要求判决双方离婚，女儿陈某某由其抚养。

二、裁判结果

经仙游县人民法院调解，当事人自愿达成调解协议，蔡某与陈某双方自愿离婚，女儿陈某某由蔡某抚养，抚养费由蔡某自行承担，陈某每个月可以探视女儿陈某两次，探视时间方式由蔡某与陈某自行协商。同时，向双方当事人送达《家庭教育责任告知书》，组织当事人学习《家庭教育促进法》，告知双方，即使分居或离异，也依然要尽一切可能共同参与家庭教育，发挥父母双方的作用，不得怠于履行家庭教育责任或非法阻碍其他监护人履行家庭教育责任。双方当事人均表示虽然离婚，但在女儿的教育问题上会认真负责，共同努力，为孩子的成长和教育提供有利的条件，并签署了《家庭教育责任承诺书》。

三、典型意义

《家庭教育促进法》明确规定人民法院在审理离婚案件时，应当对有未成年子女的夫妻双方提供家庭教育指导。在审理涉未成年子女的离婚案件中，结合实际制定《家庭教育责任告知书》和《家庭教育责任承诺书》，是仙游县人民法院做好家庭教育指导工作的有益探索和创新做法，为《家庭教育促进法》各项制度的落地落实提供了重要实践支撑。该做法对督促父母双方互相配合履行家庭教育责任，引导父母树立科学的家庭教育理念，自觉做到依法施教、立德树人、为国育人具有重要意义。

案例八：王某诉肖某变更抚养关系纠纷案

——实行调查评估+志愿服务模式

一、基本案情

肖某某（2014 年 8 月 13 日出生）系王某与肖某的婚生长子，王某与肖某于 2018 年 11 月 19 日经建阳区人民法院调解离婚，调解协议约定“肖某某由肖某直接抚养，王某享有探视权，具体探视时间为每周一次，肖某保证不将婚生子肖某某带离建阳生活”。双方离婚后，肖某未经王某同意，在 2019 年 2 月将肖某某送到异地奶奶处生活学习，致王某无法探视肖某某。建阳区人民法院审理认为：肖某无视双方约定，擅自将肖某某带离建阳生活，既阻碍了母子亲情的交流，也不利于肖某某成长。综合考量双方及其家庭对孩子的照料和陪伴等因素，依法作出判决：婚生子肖某某变更为由王某抚养，肖某每月支付肖某某抚养费 3000 元至肖某某年满 18 周岁止。宣判后，肖某不服，向南平中院提出上诉。

二、裁判结果

本案系探望婚生子受阻引起抚养权变更纠纷，肖某某在 4 周岁时因父母离异、脱离熟悉的环境独自在异地生活半年，再随着肖某组建新家庭并生育子女，年幼的肖某某经历了诸多不安定的挑战，心理逐渐出现了严重的撕裂，内心敏感、不安、抵触，对母亲存在误解却又渴望母爱的心理变化。南平市中级人民法院受理后认为，当务之急应该尽快修复肖某某心理创伤，重塑其对母亲的信任，遂引入社会观护，委派“红姨·益家”工作室的心理疏导师对肖某某进行心理评估、疏导。从保护未成年人的身心健康角度出发，在不随意打破肖某某现有生活、学习平衡的前提下，结合肖某某心理创伤修复和亲情弥合的需要，两级法院多次邀请社会观护员共同参与疏导，与肖某某及家长沟通，并促使双方当事人自愿达成如下协议：（1）婚生儿子肖某某由肖某抚养，王某不需要支付抚养费；（2）探视时间：每周一次（每周日上午）；（3）双方可以在与孩子相处更加熟悉后并征得孩子同意，协商改变探视时间和地点。

三、典型意义

离婚对于父母来说，或许是走出围城、寻求各自幸福的出路，但未成年子女，面对父母的分道扬镳，很难不受到伤害，各类涉及未成年人的社会问题也会随之出现。本案是人民法院成功引入“调查评估+志愿服务”模式助力解决抚养关系纠纷并调解成功，促使未成年人和父母亲情权益实现的典型案例之一。引入社会观护，实行“调查评估+志愿服务”模式，在衡量未成年子女对抚养关系的意愿是否具备足够的认知和表达能力、现有家庭结构是否能够满足其正常成长的需要以及未成年子女心理创伤修复等方面起到了积极的作用，有利于保障未成年人身心健康。

案例九：黄某权、黄某斌诉曾某某抚养费纠纷

——离婚协议约定不妨碍子女要求支付超出离婚协议的抚养费

一、基本案情

黄某力与曾某某原系夫妻关系，婚后于 2009 年 8 月 19 日生育长子，取名黄某权，于 2011 年 4 月 28 日生育次子，取名黄某斌。后双方感情破

裂，于2012年1月13日协议离婚，并在《离婚协议书》中约定："孩子黄某权、黄某斌抚养权、监护权归男方，并随同男方生活，女方不需要支付抚养费。"离婚后，黄某权、黄某斌主要跟随黄某力生活，曾某某也断断续续与黄某权、黄某斌及黄某力一起共同生活，照顾黄某权、黄某斌，直至2017年。黄某力主张自己现在欠有巨额债务，需要曾某某支付孩子的抚养费，故诉至人民法院。

二、裁判结果

漳平市人民法院经审理，判决被告曾某某应从2021年11月起每月给付黄某权、黄某斌抚养费各700元，共计1400元，直至黄某权、黄某斌年满18周岁为止。

三、典型意义

本案焦点是如何处理法定义务与约定义务的关系。按照法定义务高于约定义务的原则，离婚协议中关于抚养费的约定，并不影响子女要求支付超出离婚协议的抚养费的主张。我国《民法典》第一千零八十五条规定，离婚后，子女由一方直接抚养的，另一方应当负担部分或者全部抚养费。负担费用的多少和期限的长短，由双方协议；协议不成的，由人民法院判决。前款规定的协议或者判决，不妨碍子女在必要时向父母任何一方提出超过协议或者判决原定数额的合理要求。本案中，虽然夫妻双方在离婚协议中约定"女方不需要支付抚养费"，但该约定系父母双方自愿达成的对离婚相关事项的约定，约定不能损害、限制或剥夺子女的合法权益。因此，该约定不能免除女方为未成年子女支付抚养费的法定义务。本案对依法认定离婚协议相关约定事项的效力，切实保障未成年人的合法权益具有积极意义。

案例十：福鼎市民政局申请撤销监护人资格案

——监护人因侵害未成年人权益被撤销监护权

一、基本案情

黄某国为获取非法利益，先后于 2013 年 12 月 23 日、2018 年 12 月 31 日两次将刚出生数天的两名子女小钟、小琪出卖。案发后，黄某国因犯拐卖儿童罪被判处有期徒刑七年六个月，并处罚金人民币 5 万元。被出卖的小钟、小琪被福鼎市公安局解救后，交由福鼎市民政局下属的福鼎市福利院代为收养。王某春系黄某国妻子，为智力四级残疾人，无正当职业收入，家庭尚有三个在校就读的未成年子女（分别为 14 周岁、12 周岁、5 周岁），因黄某国判刑入狱，现该三子女均由王某春一人负责抚养，寄居他人家里生活。福鼎市民政局为避免被监护人继续受到侵害，申请撤销黄某国、王某春的监护权，请求指定福鼎市民政局为小钟、小琪的监护人。

二、裁判结果

福鼎市人民法院经审理认为，黄某国以非法牟利为目的，将出生仅数天的子女先后卖与他人，其行为已严重侵害了子女的合法权益及身心健康成长，故黄某国不宜再担任该二人的监护人。王某春作为二子女的亲生母亲，明知黄某国将子女先后出卖，仍予以默许，未采取相应挽救措施，置子女处于困境或危险状态于不顾，严重侵害子女的合法权益和身心健康成长。并且，基于王某春自身身体健康及家庭生活条件等原因，其无法履行对小钟、小琪的监护职责，故王某春亦不宜再担任该二人的监护人。福鼎市民政局要求撤销黄某国、王某春监护人资格的申请，人民法院予以支持。在没有合适人员和其他单位担任监护人的情况下，福鼎市民政局作为政府部门，具备监护能力和监护资格。因此，人民法院作出判决撤销黄某国、王某春为小钟、小琪的监护人资格；指定福鼎市民政局为小钟、小琪的监护人。

三、典型意义

现实中，父母严重侵害未成年子女权益或因特殊原因不具备监护条件的情形时有发生。本案中，父亲为牟利出卖子女，患有癫痫的智力残疾母亲明知却默许，从“儿童利益最大化”原则出发，应当依法剥夺失格父母的监护权，为受害未成年指定更有利其身心健康成长的监护人。黄某国家庭困难，一家五口依靠其一人打工收入，自黄某国入狱后，人民法院工作人多次走访黄某国所在村居、学校，协调未成年子女生活学习问题，被出卖的子女亦被民政局妥善安置，最大限度保障了未成年人的合法权益。本案对于发挥福利院等公益团体和民政部门的作用，依法保障特殊环境下的未成年人健康成长，具有示范意义。

二、典型意义

2023 年中国审判指导丛书征订单

《中国审判指导丛书》——各级人民法院审判工作权威参考指导用书							
代号	书　名	全年辑数	定价	邮费	合计	订购份数	合计
202319	《刑事审判参考》	六辑	408.00	61.20	469.20		
202310	《民事审判指导与参考》	四辑	272.00	40.80	312.80		
202311	《商事审判指导》	两辑	136.00	20.40	156.40		
202312	《立案工作指导》	两辑	136.00	20.40	156.40		
202313	《审判监督指导》	两辑	136.00	20.40	156.40		
202314	《知识产权审判指导》	两辑	136.00	20.40	156.40		
202315	《涉外商事海事审判指导》	两辑	136.00	20.40	156.40		
202316	《中国少年司法》	四辑	272.00	40.80	312.80		
202317	《执行工作指导》	四辑	272.00	40.80	312.80		
202318	《国家赔偿与司法救助办案指导》	两辑	136.00	20.40	156.40		
202324	《行政执法与行政审判》	六辑	408.00	61.20	469.20		
合计总额：¥		万　仟　佰　拾　元　角　分					

银行汇款方式：

开户行：工行北京国家文化与金融合作示范区金街支行

户　名：人民法院出版社有限公司

账　号：0200000709004606170

邮局汇款方式：

邮　编：100745

地　址：北京市东城区东交民巷 27 号

单　位：人民法院出版社有限公司

订购单位（含详细地址）					
纳税人识别号			电子邮箱		
邮编		联系人		联系电话	
汇款单位（人）				汇款日期	

人民法院出版社工作总站联系人：

靖存锴　010-67550595/18601032892（微信同号）

王玺佳　010-67550536/18601031761（微信同号）

请填写完整后发传真至 010-67550541 或拍照发邮件至 fysgzzz@163.com

中国审判指导丛书

——各级人民法院审判工作权威参考指导用书

《刑事审判参考》：最高人民法院刑事审判第一庭、第二庭、第三庭、第四庭、第五庭共同主办。自2021年起，丛书由人民法院出版社出版发行，作为《中国审判指导丛书》的重要组成部分。丛书自1999年4月创办以来，秉承立足实践、突出实用、重在指导、体现权威的编辑宗旨，在编辑委员会成员、作者和读者的共同努力下，密切联系刑事司法实践，为刑事司法人员提供了有针对性和权威性的业务指导和参考，受到刑事司法工作人员和刑事法律教学、研究人员的广泛欢迎。丛书主要收录指导案例、刑事司法规范及其理解与适用、刑事政策及其解读、理论前沿、实务探讨、编辑部答疑、经验交流、疑案争鸣等内容。2021年，作者将对丛书的体例、栏目设置及相关内容等进行完善和提升，力求以全新的面貌将更权威、实用的内容展现给读者。全年6辑，每辑68.00元，共408.00元。

《民事审判指导与参考》：最高人民法院民事审判第一庭编。丛书收录最高人民法院关于民事审判工作的司法解释及其理解与适用、指导意见和最新政策精神及其解读、民事审判会议纪要、最高人民法院典型案例评析、示范性裁判文书、实务研讨、理论研究、各地方法院经验交流等内容，旨在传播最高人民法院和地方各级人民法院的优秀民事审判工作经验，对最新疑难经典案例进行探讨与解析，提供审判实践中解决疑难问题的思路，是最高人民法院民事审判第一庭履行对下指导职责的工作平台。全年4辑，每辑68.00元，共272.00元。

《商事审判指导》：最高人民法院民事审判第二庭编。丛书刊登最高人民法院关于商事审判工作的指导意见、司法解释及其理解与适用、典型案例评析文章、示范性裁判文书、地方实务调研成果、理论研究文章等。丛书对各级人民法院商事审判工作具有重要指导作用和参考价值。全年2辑，每辑68.00元，共136.00元。

《立案工作指导》：最高人民法院立案庭编。丛书主要收录有关立案的司法解释理解与适用、各级人民法院立案工作的实践经验、调研报告和案例评析等。丛书对各级人民法院立案工作具有重要指导作用和参考价值。全年2辑，每辑68.00元，共136.00元。

《审判监督指导》：最高人民法院审判监督庭编。丛书主要收录关于审判监督工作的司法解释及其理解与适用、最新的政策与精神及其解读、最高人民法院案例评注、典型案例、会议纪要、优秀裁判文书、业务交流等内容。另外，还设置了审监信箱，回应全国法院审判监督工作中的疑难问题。丛书对各级人民法院审判监督工作具有重要指导作用和参考价值。全年4辑，每辑68.00元，共272.00元。

《知识产权审判指导》：最高人民法院民事审判第三庭编。丛书主要内容包括知识产权审判政策与精神、司法解释理解与适用、调研报告和案例评析，以及反映知识产权审判动态的专题论述和优秀裁判文书等。丛书对各级人民法院知识产权审判工作具有重要指导作用和参考价值。全年2辑，每辑68.00元，共136.00元。

《涉外商事海事审判指导》：最高人民法院民事审判第四庭编。丛书收录当年出台的司法解释、司法指导性文件以及涉外商事案件相关问题的批复和案例评析，重点收录最高人民法院对高级人民法院有关国际商事仲裁裁决司法审查法律问题请示的复函，并附有高级人民法院的请示。丛书对各级人民法院涉外商事海事审判工作具有重要指导作用和参考价值。全年2辑，每辑68.00元，共136.00元。

《中国少年司法》：最高人民法院少年法庭指导小组编。丛书设置了有关少年司法工作的政策与精神、法官论坛、改革与探索、理论与实务研究、典型案例、裁判文书以及规范性文件等栏目。丛书的出版，旨在切实加强对少年司法工作相关问题的研究、加强对全国少年法庭工作的指导、强化相关方面的调查研究和理论探讨。丛书对各级人民法院少年审判工作、相关政法部门少年司法执法工作和有关社会组织的未成年人权益保护工作，都有重要的指导作用。全年4辑，每辑68.00元，共272.00元。

《执行工作指导》：最高人民法院执行局编。丛书对我国目前执行工作中的重点、热点和难点问题，从不同角度进行理论研究和实践经验的提炼与总结；同时，丛书紧紧围绕最高人民法院执行工作大局，紧密结合执行工作理论与实践，为全国广大法官以及其他法律职业者提供及时、权威的执行工作业务指导和参考，对正确理解相关规定、统一执法标准和破解执行难问题具有重要指导作用。全年4辑，每辑68.00元，共272.00元。

《国家赔偿与司法救助办案指导》：最高人民法院赔偿委员会办公室编。编委会成员分别由全国人大法工委国家法室、最高人民法院赔偿委员会办公室、最高人民检察院刑事申诉检察厅、公安部法制局、司法部法制司、财政部条法司等部委工作人员组成，收录了国家赔偿与司法救助相关的政策、法律法规、司法解释及其理解与适用，有普遍指导意义的请示案件及其答复，重大新型疑难案例评析，国家赔偿理论与实务研究，国家赔偿工作调研报告，地方国家赔偿工作动态等内容，集中反映最高人民法院、最高人民检察院等单位对于国家赔偿工作重要政策、观点、理论研究和实践指导的意见，对国家赔偿与司法救助工作具有重要的指导作用和参考价值。全年2辑，每辑68.00元，共136.00元。